I SEGRETI
DEL CYBERMONDO

［意］乔丹·福雷斯　　［意］杰克·卡拉维利　著　李沈丹　译

网络世界的
秘密

SPM
南方传媒　广东人民出版社
·广州·

图书在版编目（CIP）数据

网络世界的秘密 /（意）乔丹·福雷斯，（意）杰克·卡拉维利
著；李沈丹译. — 广州：广东人民出版社，2024.8
ISBN 978-7-218-17529-4

Ⅰ.①网…　Ⅱ.①乔…②杰…③李…　Ⅲ.①互联网络—计算机
犯罪—研究　Ⅳ.①D917.7

中国国家版本馆CIP数据核字（2024）第082637号

WANGLUO SHIJIE DE MIMI
网络世界的秘密

[意]乔丹·福雷斯　[意]杰克·卡拉维利　著
李沈丹　译

出 版 人：肖风华

责任编辑：陈泽洪　戴璐琪
责任技编：吴彦斌　马　健

出版发行　广东人民出版社
地　　址：广州市越秀区大沙头四马路10号（邮政编码：510199）
电　　话：（020）85716809（总编室）
传　　真：（020）83289585
网　　址：http://www.gdpph.com
印　　刷：天津睿和印艺科技有限公司
开　　本：880毫米×1230毫米　1/32
印　　张：8　　字　数：135千
版　　次：2024年8月第1版
印　　次：2024年8月第1次印刷
定　　价：49.80元

如发现印装质量问题，影响阅读，请与出版社（020-87712513）联系调换。
售书热线：（020）87717307

序言

　　从我提笔之日起直到出版成册，历经数月甚至数年。其间，书中所述之事或将有所变化，也会发生众多大事件。但我认为，这毫不削减本书价值，因为无论网络世界如何迅猛发展，都有必要回顾其历史进程。历史进程是构成当前现实和走向前方的基石。本书无意成为对当时事件的记录，而力求成为迄今为止对历史事件发展的参考点，并试图对历史进行剖析。对不同事件和现象的相互关联进行分析，或许是对复杂的网络世界进行理解的最佳方式。本书所呈现的世界，是一个并未引起公众广泛关注的世界，但它已悄悄地影响了每个人的日常生活。具体来说，我们将深入探讨的议题，包括从网络恐怖主义到网络间谍，从国际政治影响到网络犯罪问题等各个方面。

　　这些概念之间仅相差毫厘，但引人深思。关于网络主题的专著多达万卷，且每一本的解读都细致深入，但我们也意识到，通过海量的数据、复杂名词、方法论和专业术语来讲解网络世界，收效甚微。因此，我们选择通过叙事，通过呈现进入数字迷宫的一段段真实的旅程的方式来进行讲解。我们的前提假设：这个网络世界由无数台不同的计算机密集地交织联结而成，每台计算机都受到代码和密码的保护。但实际情况要复杂得多，因为这并非一个线性的系统，更像一张千丝万缕互相交织的蜘蛛网。要想在这个错综复杂的网络中往来移动，并在熟悉的站点之间快捷建立起联系，从理论上而言，必须创建一个通道，只向获授权主体开放。

任何设法攀越计算机保护措施的行为，都会带来危险：不仅仅是隐私侵犯，甚至将危及几乎所有生产服务活动的运作。本书旨在成为一部短篇小说，但我们也希望它能成为一本读者手册，正如我与杰克·卡拉维利曾合作的作品（《黑色哈里发》，Nutrimenti 出版社，2015 年；《核战威胁》，Nutrimenti 出版社，2018 年）一样，我们希望这部作品既能为那些对网络世界满怀困惑的入门者答疑解惑，也希望能在企业网络安全等特殊领域对相关专家有所毗佐。

杰克·卡拉维利（Jack Caravelli）曾是一名情报分析员，他丰富的工作经验将为我们提供大量专业信息和素材。数字迷宫，正如任何一个迷宫一样，进易出难，成功找到出路而不深陷迷宫并非易事。在本书中我将扮演职业记者的角色，并在一定程度上传达意大利的声音。我希望向 De Agostini 出版社表达诚挚的谢意，让我们得以开启这段旅程。

乔丹·福雷斯

目录

引言 | 迷失于网络空间

　　1994年，美国散文家、传播学家霍华德·莱茵戈德（Howard Rheingold）出版的一本书成为头条新闻。该书的书名是言简意赅的四个字"虚拟社区"；但意大利语版本一如既往地采用了长而直白的书名：《虚拟社区——网络空间中的对话、会面与生活》。正是在这本书中"虚拟社区"一词首次被使用。为了使读者明确本书的核心主题，我们有必要对眼下被统称为"网络空间"的这一概念在历史发展过程中的衍生术语进行阐释。我们已经明确了"虚拟社区"概念的具体诞生日期，这本身就意味着承认有这样一个能容纳此类社区聚会的空间，确切而言即网络空间。该术语的起源为何？是不是为了代表某些真实存在的事物而创造的？

　　正如人类进化的普遍过程那样，对人类日常生活产生巨大影响的伟大发现和创新往往并非由个体智慧所造就，而是由一个群体共同努力所取得。这些突破往往存在随机性，创造者之间也不存在直接关联，甚至有时不共存于同一个时代。列奥纳多·达·芬奇（Leonardo da Vinci）和儒勒·凡尔纳（Jules Verne）凭借着超凡的聪明才智和想象力，在技术创造上提出了超前和独创的构想，这些构想后来大多成为现实。因此，要想明确网络空间的创造者实属不易，但如果仅限于这个词的诞生，我们可以提供一个肯定的答案：在霍华德·莱茵戈德的作品发表前几年，美国科幻作家威廉·吉布森（William Gibson）首次使用了"虚拟社区"一词。吉布森在1982年发表的短篇小说《整垮珂萝米》（*Burning Chrome*）中首次使用了"网络空间"一词，并在之后1984年的小说《神经漫游者》（*Neuromancer*）中再次使用该术语，对其描述如下："是从人体系统内每台计算机的记忆中提取并生成的数据图表……在大脑的非空间中排列的光线，构成了数据的集群和星象图，正如逐渐殆尽的城市灯光……"吉布森在1996年接受采访时坦承，使用该词语纯属偶然，"它并不包含实质意义，但具有意味深长的效果"。事实上，早在那之前很多年，著名的美国数学家诺伯特·维纳（Norbert Wiener）就创造了"网络"这一名词。诺伯特·维纳被公认为控制论之父，基于其文化背景以及在生物和哲学领域的研究，维纳在1948年学术巅峰时期出版的一本著作中首次使用了"控制论"这一术语并对其进行了明确定义。

明确"控制论"的定义，有助于更好地理解网络空间的演变和发展前景。20世纪40年代，维纳等学者（大多为美国学者）共同创建了一个跨学科项目，对包括从人类学到人工学科的各类体系进行数学研究。控制论作为一个科学分支诞生于19世纪中期，但其目的自古以来就伴随着人类发展而存在；其主要目标在于创造出可替代人类劳动的工具和机器，并最终完成靠人力基本无法完成的任务。

让我们回到1994年，也就是《虚拟社区》出版的那一年。值得指出的是，自1991年著名的万维网（WWW）诞生后仅三年，它就被用于代表网站地址，代表一个可进行内容阅读的虚拟空间。万维网（环球信息网）以及随后英国研究员蒂莫西·约翰·伯纳斯·李爵士在位于日内瓦的欧洲核子研究中心对HTTP协议所做的定义，象征着过去几十年在美国国防部的推动下，世界各地进行的相关研究、调查和实验达到了高潮。1969年，美国国防部启动了一个机密研究项目并开始了第一阶段的研究，该研究在后来被命名为阿帕网。

1993年4月30日，欧洲核子研究中心免费对外开放万维网技术，互联网由此面向全球用户，其重要性举世公认。霍华德·莱茵戈德的作品取得了巨大成功，并在几十年后的今天被看作真正深入探讨网络世界的最早的文本之一。彼时，鲜少有人预见到网络的发展路径，尤其是它日后所释放的巨大商业潜能。在经历几十年数字化巨变后，今日重读此书，恍若阅读史前故事。莱茵戈德写道："从 1985 年夏天开始，我就养成了将个人电脑连接到电话线路的习惯，每天都会连上 WELL（Whole Earth' Lectronic Link，全球电子链接）数小时……在这个空间内，虚拟社区的用户可以进行友善的交流和讨论，开展学术辩论、进行交易以及交换知识。"这些活动在本质上与使用者在现实世界所开展的活动并无大异，究其根本，这仅仅是一种不同的社交方式而已。

莱茵戈德对网络空间的发展前景有着明确的个人想法，这在小说最后的词汇表定义中有所体现："网络空间（cyberspace，威廉·吉布森在科幻小说《神经漫游者》中提出）是一个空间概念，在此空间内，文字、人际关系、数据、财富和权力的传达都通过远程信息处理技术来完成。"这一注释尽管与如今网络空间的概念描述相去甚远，但仍足以证明网络空间的成形近在咫尺：它不再仅仅是科幻小说里的情节，而是切实存在的另一个空间。确切而言，它构成了另一个世界，与现实世界同时存在、相辅相成。

在莱茵戈德文中提到的吉布森式网络空间，已在如今无限进化，并且无论是好的还是坏的因素都发生了本质上的改变。莱茵戈德书中所描绘的虚拟社区，如今已不再是"远程反文化"的存在：人际关系、数据和信息不再仅仅是一种线上表达，而是在网络空间中拥有了特定身份。这一全新的现实不仅牵涉到每个个体的日常生活，还延伸至地缘政治，影响着世界各地现有或潜在的冲突。无论是朋友间的私人秘密，还是银行账户细节、核电站运行密码，万千信息都被存储在网络空间中。但众所周知，网络空间也存在无法为私密数据提供绝对保护这一缺陷。本书中，我们将向读者细细阐明，在我们的日常生活中，以及在社交媒体和网络平台上，究竟存在着怎样的网络安全问题。

要想实现网络安全，正确途径并非远离一切潜在危险，而是应当准确预判潜在对手。我们每个人都身处这场无硝烟的战争中，许多人却不自知。他们没有意识到，日常生活中遇到的任何一个网络问题，都可能在日后升级为网络安全隐患。每个人都应知道，在网络的另一端有一个对立主体正在寻求自身利益，例如：试图获取敏感信息，或者阻止合法使用者进入某计算机平台或系统。数字时代的到来已经从根本上改变了人类生活，使人们随时面临网络攻击的风险。

本书将探讨网络世界内一系列重要因素，包括人类个体因素、对信息数据（包括个人数据）的操纵，以及主体潜意识中的意见和偏好导向。最后，我们还将讨论正处于进程中的被称为"物联网"（从字面意思看，物联网，即与网络相联结的物体）的演变。

在这段网络世界的旅程中，我们将聚焦美国曾经和正在发生的事件。不仅因为作者之一的杰克·卡拉维利在美国网络事务方面拥有丰富经验，而且正如后文所述，美国是迄今为止遭受网络攻击最多的国家，也是第一批成功利用网络工具进行真正意义上军事攻击的国家，后一事实从未正式对外宣布。此外，美国特工部门往往与一些北约国家和以色列的特工部门合作，不断寻找可用于网络间谍活动的新型工具。

三四十年前的数字流与今日相比不可同日而语。一切变化如此之快，以至于如今的大多数互联网用户对网络空间缺乏准确和充分的认识。从民主角度而言，互联网扮演了双重角色：一方面，互联网让公民个人得以在沟通中占据活跃的主体地位；另一方面，互联网也为带有政治目的或商业意图的思想控制和煽动提供了平台。事实是，我们掌握着极其强大和复杂的系统，使我们能够获得几十年前还无法想象的好处。当然，对它们的不良使用也显得同样重要和危险。

　　互联网发展之快令人难以置信，50 多年前，1969 年，加利福尼亚大学研究人员试图通过输入"登录"（login）一词与斯坦福研究所的计算机进行连接时，系统在字母"g"处崩溃。由此，通过互联网所发送的史上第一条信息是"lo"这个词。

第一章　迷宫　　🔍

数字时代的到来，使人类日常生活和社会各行各业发生了翻天覆地的变化。短短数十年，网络技术问题不断渗透进国际关系中，造成国际摩擦，世界地缘政治局势由此发生巨变。历史上杰出的军事理论家、军事历史学家、备受战略学者尊崇的普鲁士少将卡尔·冯·克劳塞维茨（Carl von Clausewitz，1780—1831）以其精辟的政治军事理论，对战争做了全新的阐释，并深刻剖析军事战略与道德、物质基础之间的相互作用和关系。他在《战争论》中的名句"战争不过是政治以另一种方式的延续"，揭示了除军事以外，包括政治、经济和心理等一系列综合因素对国际关系所产生的重大影响，时至今日仍是大战略思想的核心理念。

　　一如克劳塞维茨所在的普鲁士王国时期，世界各国如今仍在为经济资源和政治霸权进行着激烈争夺，但在数字时代，各国竞争所依赖的武器已不再是普鲁士时期的步枪与大炮。新时代的"武器"能从政治、经济、社会等各个层面随时随地、无孔不入地将敌人击溃。要赢下今日之战，无需百万雄师，更不必冷战、核赛，一切皆为数字化竞争。

信息时代的国际纷争具备多维度、多样化特征。在错综复杂、浩瀚广阔的网络空间内，正开展着各种活动。网络间谍活动是其中一项，即通过信息化手段进行情报收集和传递，这类活动被视为真正的致命武器。值得注意的是，此类技术手段最初是为军事目的而开发，如今对广大群众、企业和基础设施的安全都构成了威胁。事实表明，网络犯罪活动日益猖獗。意大利信息安全协会2018年发布的Clusit报告指出，2011年至2017年"全球范围内打击网络犯罪的单项支出翻了4倍，由2011年的1000亿美元出头激增至2017年的5000多亿美元"。

众所周知，无论是在战争时期还是和平时期，情报活动都是各国间相互制衡所采用的古老战术。其目的主要有二：一是出于国防，保障国家机密情报不外泄；二是参与国际竞争，通过获取他国机密信息以制胜。在网络时代，这场斗争已不再局限于国家层面，还蔓延至企业、政客和民众之间。在使用各类新兴网络工具时，用户个人信息随时面临被窃取和篡改的风险，甚至用户本人会在不经意间成为窃取方。由此，如何保障个人数据安全这一新课题应运而生。专业上称之为"网络安全"，其目的是实现同一系统下网络设备、数据和信息的安全，并确保受保护系统的功能能够正常使用和持续运行。

如今，世界各国正在竞相研发与网络安全相关的技术和设备，投入力度最大的国家包括美国、英国、法国、中国、俄罗斯、朝鲜、印度、伊朗等国。这些国家在财力、人力资源、技术水平、专家顾问等方面具备雄厚实力，并凭此研发甚至出售用于国家安全防御和国际竞争的数字化产品。值得注意的是，数字时代也使一些国家的内部危机应运而生：对于某些抑制公众舆论的政权而言，网络世界在孕育无限机遇的同时，也催生威胁国内政局稳定的隐患，需时刻提防、谨慎对待。部分国家政府担心，如果不对网络空间加以管制，任其自由发展，会对国家内部稳定造成一系列有形和无形的威胁。为避免这一局面出现，这部分国家公民的网络自由权将受限制，甚至被彻底剥夺。

互联网的另一面

互联网彻底改变了人类的生活方式，并成为我们熟悉的日常工具。它诞生之初的许多愿景已经成真：人类实现了全球范围内的通信，只需一键点击就能在各个信息系统间进行信息交换，这为各国人民带来了前所未有的文化丰富性。很多人因此将互联网看作过去几个世纪最伟大的发明。然而，正如硬币有正反两面，互联网也有第二面——黑暗的一面，我们称其为"暗网"。在这张暗网里，针对国家、企业和个人的各种新威胁不断滋生并流动，它们不见踪影却切实存在。这将在后文进行详述。

自互联网诞生以来，网络技术知识的持续快速发展使得简单用户和领域专家之间的知识断层不断扩大。在这个具备高强度信息量的曲折迷宫中，每天活跃着数十亿人，他们来自政府机构、大小型企业和跨国公司，以及各民间和军事组织等，甚至还包括被称为"黑客"（Hacker）的编程专家。需要指出的是，"黑客"一词虽在如今的通俗用法中普遍具有贬义，但实际上它仅指代该领域的专家。而针对那些出于个人利益为犯罪组织或间谍网络服务的人，我们将之称作"骇客"（Cracker），它还常被用以指代网络侵权者。

Clusit 报告指出了四类不道德网络行为，它们通常为违法违禁行为：网络犯罪、黑客攻击、间谍或蓄意破坏，以及信息战。

网络犯罪的词义自明，互联网上每天上演着各种类型的犯罪行为，包括网络欺诈勒索等。

黑客攻击是指违反公民权益的活动，例如出于打击某政治立场或侵犯商标等特定目的的网络攻击行为。

间谍或蓄意破坏活动是指旨在窃取国家情报或军事、经济和民用设备机密数据，利用特殊装置进行破坏的非法行为。

信息战是指出于军事、政治或经济目的而对信息进行一系列收集、处理、操纵、管理和传播的行为。关于"信息战"，其中一部分信息活动是完全合法的，并被许多公司纳入营销计划。

这些绝大多数为非法活动的网络行为主要通过使用恶意软件展开。"恶意软件"是一系列旨在对个人或设备造成各种损害的应用程序的总称。让我们先对其稍做了解。最广为人知和广泛使用的非法入侵受保护设备的系统之一是"后门程序"，它绕过计算机系统的正常认证从而突破保护机制。"特洛伊木马"是最常见的恶意软件之一，它通过伪装的方式潜入计算机并安装相关应用程序，从而对目标系统造成巨大损害或窃取信息，然后使用 Rootkits 软件来掩盖操作痕迹。Rootkits 软件是一套可以隐藏其他设备进程的恶意软件，使其自身和插入计算机系统的其他恶意软件均无法被检测和读取。

　　网络攻击在全球范围内每天都在发生。大部分情况下受害方不愿公布，这些案例大多不为人知。因此，个别案例一旦公之于众，便会引发全球性轰动。总体而言，人类正在逐渐习惯网络攻击的常态化。举一个简单的例子：2018 年 6 月，意大利《共和国报》（*La Repubblica*）在报纸内页底部刊登了一篇极简短的报道并指出，一种新型网络攻击已经通过 DMOSK 恶意软件传播至意大利，意大利境内 30 座城市及其银行、区域和公司为攻击目标。该病毒以一封含链接的电子邮件形式出现，最早由位于博洛尼亚的网络安全和威胁情报公司 Yoroi 发现。用户一旦点击该链接就会触发启动恶意软件，从而窃取用户的访问凭证并监视受害者活动。诸如此类的网络攻击，如果仅仅在报纸内页上稍做提及，并不能够引发应有的新闻价值来引起用户足够的重视。无论日后如何对此类攻击进行打击，对不知情者而言其极端危害性仍不言而喻。

信息安全三要素

截至本文撰写时，多国政府和众多大型跨国公司已开始做出努力，试图重树用户对互联网的信心。大量事件表明，互联网无法对输入系统的数据安全进行保障，哪怕在理论上受到高度保护的系统也不例外。网络安全的保障工作通常基于信息安全三要素（CIA Triad）。此处的CIA并非设立于弗吉尼亚州的美国中央情报局，而是指代与信息安全相关的要素。

C代表保密性（confidentiality），即信息数据的保密性。信息的价值决定了对它实施保护的重要性。机密信息一般通过加密等程序和技术进行保护。

I代表完整性（integrity），即确保计算机系统中所存储信息的"完整性"。高水平的黑客有能力设计出复杂的攻击方式，影响和破坏许多数据库和技术系统的完整性。后文将分析的一个典型案例是"震网"（Stuxnet）病毒，2008年美国和以色列两国用它来攻击伊朗的铀浓缩离心机设备，以拖缓伊朗的核进程。该计划中"震网"病毒得以成功的一大原因，是通过有效使用Rootkits软件，干扰了设备监测系统的准确判断，导致伊朗在几个月间始终误信离心机在正常运转。

A 代表有效性（availability），这涉及合法信息及数据库的访问权限。简单来说，持有"大门钥匙"的用户拥有自由进出系统的权限。黑客攻击下会出现访问权限失效，无法访问信息、平台或数据库的情况，从而破坏或阻止用户访问系统。这种情况下，可以通过支付数字赎金（通过使用特定类型的恶意软件，称为"赎金软件"）重新打开访问渠道。根据专家分析，此类攻击的目的，可能是针对银行网站，甚至可能是为了挑起国家间的冲突。

信息安全三要素看似简单，但该体系为组织建设各类规模的数字防御提供了强有力的监测和控制。要建立起具有相对可靠性和安全性的保护系统，需要依托大量经济支出和组织成本。哪怕在建立成功后，由于网络战耗时漫长且充满不确定性，网络安全的保护体系仍需持续不断的监测和更新。在这场战争中，所有竞争者心知肚明的是，不会出现一方投降、另一方永久性胜利的局面，但也同样不会出现彻底的败方。事实是，只会有一场接着一场的战役，一次又一次的创新，任何时候都不得掉以轻心。信息安全三要素是一个具有弹性和灵活性的标准框架，在此框架下不会存在绝对单一的解决方案。彻底消除网络攻击是天方夜谭，就如同幻想一个永远不会出现的乌托邦。在此，灵活性就发挥了重要作用，需要随时应对数字世界的突变，洞察并理解现有体系的缺陷，不断升级更新防御系统，快速灵活地移动防御点，并在信息的安全保护和顺畅交流之间寻求某种平衡。

第二章　网络恐怖主义

1781 年 10 月 19 日，时任英国军队指挥官查尔斯·康沃利斯勋爵（Lord Charles Cornwallis）在美国弗吉尼亚州约克镇投降，宣告美国独立战争正式结束。对于英国人和美国殖民地的革命者（后者自那日起成为美国人）双方而言，这都是难以置信的一天。据说，英国军乐队在那天奏响了《世界颠覆》。我们无从考证史实是否如此，但若真演奏了，这首曲子确实贴切。毕竟，美国殖民地的人居然能打败英国军队，这是所有人做梦都想不到的，英国军队可是当时全世界最强大的军队。

回望历史长河，世界早已被颠覆过无数次。数字时代的到来，意味着未来将有更大概率会发生更多震惊世人的变革。在网络冲突的时代里，只要轻点键盘，就能让一个原本邦盛民安的国家瞬即陷入瘫痪。能实现这一点的，不仅是技术发达国家，还有那些通常被称为"恐怖分子"的组织。

恐怖主义总是通过暴力来实现某一目标，尤其是其政治宗教目标，历史的教训俯拾皆是。历史上，罗马人普遍将伊斯兰教的宗教狂热分子视作罪犯，但从另一个角度看，伊斯兰教的宗教狂热分子心怀国家主义，拿起武器反抗对祖国巴勒斯坦的占领。图基教是印度的一个宗教教派，英国人对其冠以冷血无情的杀人犯和盗贼之名，并在 19 世纪将其消灭。历史的不同时期，恐怖主义都以不同形式存在，代表着某一种危险。

互联网之前的恐怖主义

在进入正式讨论前，让我们先回看历史，看看意大利和美国是如何看待恐怖主义的。"二战"后的意大利，法西斯和反法西斯分子之间爆发内战。这场战争中大行其道的是残酷无情的镇压与恐怖主义行径。在那之后近 25 年间，"恐怖主义"这个词在意大利人的记忆中逐渐被忘却，这是国家之幸。时间回到当年，在意大利共产党领导人帕尔米罗·托利亚蒂遭暗杀后，1969 年 12 月 12 日是被铭记在历史记忆中的日子，那一天宣告着恐怖主义噩梦的降临。在这段惶恐不安的岁月中，意大利人每天都在接踵而至的袭击里惴惴不安，艰难求生：国内、国际恐怖主义纷纷抬头，车站里、火车上、飞机上接连发生爆炸；警察、工会成员、记者和政治家纷纷遭到无情暗杀，最后，基督教民主党领导人阿尔多·莫罗（Aldo Moro）遭绑架后被"红色旅"处决，经历过20世纪70年代的人对此仍记忆犹新。

任何一个当时已经年长到能理解该事件严重性的人，至今都还记得，当听闻莫罗总理被绑架的时候，以及55天后在罗马市中心一辆汽车内，发现莫罗被子弹击中的尸体时，自己身在何处，正在做什么。莫罗总理被暗杀的地点离意大利共产党和基督教民主党总部仅几步之遥。

那些年，意大利并不是唯一一个经历恐怖主义噩梦的欧洲国家。当时，西班牙和英国面临着"分离主义"甚嚣尘上的现实，西德也屡次遭受各类恐怖袭击。

任何一个国家的人民，当他们经历所在的城市遭恐怖袭击，当他们目睹那些无辜死去的受难者，当他们见证国家民族的领袖人物遭遇刺杀，该怀有何种强烈的愤怒和悲怆的心情啊！通常而言，恐怖袭击标志着新的政权和经济发展道路。对于刚从"二战"中走出的欧洲人民而言，他们亲历过家国疆土被恐怖主义的阴影笼罩，从未对恐怖性质的突发事件放松过警惕。

对美国人来说，直到2001年9月11日才划下了前后生活的一道分水岭。那一天，恐怖主义真正进入了美国人民生活。在那之前，老一辈美国人最刻骨铭心的历史日期是1963年11月22日，身处达拉斯的时任美国第35任总统约翰·菲茨杰拉德·肯尼迪在一辆没有顶篷的总统豪华轿车中被枪杀，身边坐着他的妻子、美国第一夫人杰奎琳，老一辈美国人至今都清晰记得，事发时他们身处何地、所做何事。"9·11"以同样的方式印刻在美国国民的脑海中，他们对于在那个戏剧性的清晨所发生的一切记忆犹新。东海岸的美国人或多或少会用这些话来描述他们的记忆："那是一个美好的夏末清晨，天空碧蓝，生活平静，之后……"所有美国人都会永远记得那个火焰裹挟着烟雾直冲云霄的画面，也会记得失事飞机的航班名——联合航空93号班机——以及纽约市的消防员、救护车，还有那些从天而降的残骸和白色碎片。仅仅几小时，就有3000多人死亡。

为了理解9月11日对美国人的意义，就不可避免地需要回溯美苏关系。自19世纪反抗英国的独立战争以来，除了珍珠港袭击和1962年古巴导弹危机使美国陷入恐惧阴云以外，美国从未真正有过领土安全的忧虑。冷战期间，美国政府明确无误的敌人只有苏联一个，并且采取了颇为成熟的线性对抗政策和战略。对于美国本国面临恐怖主义的想法，当时国际关系领域的美国专家并不苟同，甚至连保卫国土——如今表述为"国土安全"——都是冷战时期鲜少提及的概念。事实上，普遍观点认为，一旦这两个超级大国之间发生冲突，主战场将是欧洲的中心地带。对每个美国人来说，鉴于现有的武器库装备而言，两国国土出现冲突后将直接导向热核战、原子弹浩劫，人类最终走向末日。

因此，"9·11"事件是对美国人出人意表的当头一棒，让他们直面这个可怕的全新挑战。美国在那个早晨觉醒，看清了他所面对的敌人。但敌人不是拥有洲际弹道导弹的对立国家，不是一支整装待发即将入侵的正规军队。那个敌人是一个几乎隐形的实体，区区几人就控制了4架承载着燃料和无辜人民的客机，摧毁了纽约世界贸易中心，导致数千人死亡，把战火带到了美国本土。这是一场由"基地"组织领导人奥萨马·本·拉登发动的战争。对于美国人来说，这是一场全新的战争，采用的是欧洲早已熟识但美国从未经历的手段：恐怖主义。这次袭击让美国和全世界深陷动荡，这种动荡至今仍在以不同形式延续。随后美国发动阿富汗战争以及伊拉克战争，后者是以搜查萨达姆·侯赛因所匿藏的大规模杀伤性武器而发动的战争，但这些武器到最后也没有被找到。这一切只是一个开端，后续的连锁反应无疑还包括"伊斯兰国"组织的发展壮大。

互联网与恐怖主义

那些年，恐怖组织摸索出了不同的运作方式。他们发现了一种无声却有效的新型武器。在那之前，国际上一些恐怖组织仅仅意识到可以利用互联网开展一些活动。直到后来，他们认识到了"网络恐怖主义"可以作为新的运作工具，可以利用互联网的巨大潜力开展两类活动。

第一类是有预谋的、以政治目的为动机所开展的针对信息、计算机硬件以及系统、程序、软件和数据库的攻击行为，攻击对象为政府、公司或个人。第二类形式为思想传播和新成员招募。值得指出的是，网络恐怖主义没有取代包括向人群投掷炸弹、扫射或卡车冲撞等在内的暴力行径和血腥恐怖主义行为，而是与这些暴力行为相辅相佐，先是向不同社会群体和个人进行思想传播和招募，并在暴力袭击发生后作为进一步宣传的工具。

20世纪90年代到21世纪初，"基地"组织和奥萨马·本·拉登并未运用互联网进行内、外部交流，其信息传播方式仍是最基础的形式，如纸媒、录音带和录像带。最后，正是本·拉登采用了这些传统而可靠的"信使"，才使美国中情局得以对其进行追踪。美国特工队通过间谍卫星对本·拉登进行搜索和定位后，确定他藏匿于巴基斯坦，之后通过夜间突袭将其击毙。那晚，美国海军海豹突击队第六分队驾驶两架黑鹰直升机进入巴基斯坦领空，抵达阿伯塔巴德大院，最终消灭了让美方追捕了十年的奥萨马·本·拉登。那是2011年5月2日。除了使用传统间谍行动所采用的常规武器外，这次行动得以成功主要在于采用了美国人熟知的网络工具。与本·拉登不同，"基地"组织及后来的"伊斯兰国"等其他成员很快就开始借助互联网实现传播恐怖力量的目的，他们在全世界范围内吸收新成员，征募和转移资金，以及训练他们的"战士"。

在这一点上，需要引入两个术语："深网"和"暗网"。

深网，即深层网站，是指不能被标准搜索引擎（如谷歌或雅虎）索引的万维网内容，虽然它们由未被索引或受保护的网站组成，但这并不意味着它们是无法联系的地址。例如，如果我决定不把我的地址放在电话簿上，仍然可以被已经知道我地址的人联系到。每天，数以百万计的用户进入互联网，使用商业搜索引擎进行工作，获取信息。他们觉得自己可以在任何地方浏览，但事实并非如此。因为在现实中，他们只能接触到进入网络空间的所有数据的百分之十，一些专家说甚至更少。

暗网，即黑暗网站，则是由加密网站所构成，只有通过特殊软件才能访问，有访问权限的用户可进行匿名浏览。暗网常被用于贩毒、武器交易等非法活动，也被某些国家用于开展被视为颠覆性活动的活动，这些政权的反对者利用暗网来逃避政府对其施加的通信监控。2018年初在伊朗国内政坛陷入紧张局势的情况下，伊朗政府限制社交媒体的自由言论，不难推断，当时的反对者在暗网的保护下仍在进行交流。

"伊斯兰国"的策略

恐怖组织通过暗网主导了多场发生在欧洲的流血袭击，如在法国和比利时。法国著名学者、伊斯兰教徒和政治学家吉勒斯·凯佩尔（Gilles Kepel）在不同场合的采访和会议中提及一份网络文件，称其为"宗教激进主义宣言"。该文件是"基地"组织成员阿布·穆萨布·苏里（Abu Musab al-Suri）于2005年撰写的《全球伊斯兰抵抗的呼吁》。凯佩尔指出，这份宣言呼吁年轻的欧洲人、伊斯兰信徒和皈依者应以不同于以往的方式组织袭击。

"基地"组织历史上最具影响力和重要性的指挥官、领导人之一阿布·穆萨布·扎卡维（Abu Musab al-Zarqawi）决定脱离"基地"组织，转投"伊斯兰国"。扎卡维善于利用互联网进行组织，定期在网上发布袭击爆炸、斩首和血腥暴力等残酷无情的图像和视频。后来，"基地"组织以互联网为工具，向世界展现出全新而高超的政治宣传能力。众多中东专家聚焦于"基地"组织对网络工具的利用，并对其展开深入研究。其中有研究表明，"哈里发"的网络宣传中会将"伊斯兰国"的日常生活进行美化。例如，作为支持"圣战分子"的通讯社，阿马克通讯社经常发布类似"伊斯兰国"内的日常生活照，如儿童们在玩耍、吃饭，"游击队"队员艰难度日而非残忍施暴。虽然这些照片均为假象，但取得了很好的欺骗效果，这都归功于散播者的精心策划和互联网强大的媒体传播功能，这种手段与纳粹政权在20世纪40年代在电影院进行的政治宣传相似。

如前文所述，恐怖组织利用互联网工具招募"圣战战士"和所谓的"外国战士"。巅峰时期的中东"圣战分子"从世界各个国家和地区（包括美国、俄罗斯以及其他欧、亚、非洲大多数国家）招募了大约两万名"游击队"队员。"伊斯兰国"组织利用暗网将魔爪伸向了脸书（Facebook）、推特（Twitter，现已更名为X）等社交媒体。安瓦尔·阿乌拉基（Anwar al-Awlaki）在这方面能力出众。在他于2011年9月在也门遭无人机袭击丧生之前，阿乌拉基常常能在短时间内精确招募到大量"圣战分子"。阿拉伯半岛"基地"组织

（AQAP）也发布关于恐怖主义的英文版网络出版物。2014年，该组织在宣传内容中唆使追随者对西方发动战争：唯有向真主之敌施慑之人才是践行了真主下达的"伊达德和吉哈德"的神圣命令，即准备和战斗。这些网上材料中，还有汽车炸弹制造流程的详细说明。这表明恐怖分子使用互联网的目的不仅仅在于煽动暴力，还在于培养和训练"原教旨主义战士"。近年来，在欧洲中心地带发生多起袭击事件并造成众多民众伤亡，这和"基地"组织的培养方式大有关联。恐怖分子通过互联网进行远程培训，并与实践演练相结合，向零基础"外国战士"传授如何使用武器和炸弹。此外，恐怖分子还将互联网作为通信工具来发布指令，在比利时和法国发生的袭击事件最为典型。

正是借助互联网，"基地"组织和"伊斯兰国"等恐怖组织得以长期不断对其政治理想进行宣传，即便在现实中的战场上受到重挫依然能保持活跃，这种情况在未来不排除会持续下去。简言之，恐怖主义成功地利用网络达到了目的：他们时刻保持高度警惕，并在媒体、民众和各国政府层面保持活跃。政治宣传为现代恐怖主义输送氧气，而在每次大型恐怖袭击后，来自多方媒体和信息平台的大量关注报道更进一步助长了恐怖主义的发展。如果没有互联网，这不可能实现。

通过网络"期刊"和聊天室,"伊斯兰国"组织煽动小型团体或个人采取暴力行为。有些支持"圣战"事业的西方人,在中东尤其在恐怖主义猖獗国家游历后常常成为"基地"组织的代言人,回国后向国内的组织追随者转达煽动"圣战"的信息。如果不动用大量资源进行大规模监控——这一行为本身也将侵犯用户隐私——西方国家的监管机构对于"基地"组织的这一信息传播策略则防不胜防。例如2017年底,"伊斯兰国"发布了一段视频,视频中一个美国人敦促美国伊斯兰教徒利用一些州宽松的枪支管理条例建立起小型军火库,以备未来策划袭击。这名自称阿布·萨利赫·阿姆里基(Abu Salih al-Amriki)的美国人满口流利英语,甚至带点纽约口音,在视频中口口声声骂时任总统特朗普是"罗马的走狗"。该视频很有可能由哈亚特媒体中心(Al-Hayat Media Center)制作,因为它是从属"伊斯兰国"的新闻机构,并且可能是与在线杂志 Rumiyah 合作发布的。关于这个自称阿姆里基的美国人是否从媒体中心发布该信息,尚不可知,也无法确定他在中东地区停留了多长时间。目前也没有迹象表明该调查将如何开展下去,但毋庸置疑的事实是,这段视频由恐怖分子精心制作并通过暗网进行传播。

关于"伊斯兰国"组织对互联网的利用,有必要提及穆罕默德·拉胡瓦杰·布哈勒（Mohamed Lahouaiej-Bouhlel）所实施的残忍行为。2016 年 7 月 14 日，也就是巴士底狱被攻占的纪念日那天，这名 31 岁的突尼斯裔法国人驾驶一辆大型货车撞向法国尼斯海边正在等待观看烟花的人群，造成 80 多人丧生，随后他被警方击毙。"伊斯兰国"组织随即宣称对本次袭击负责，并称拉胡瓦杰·布哈勒是其麾下士兵。调查人员发现，布哈勒并非穆斯林，没有在法国警方的激进"圣战分子"档案中有所记录，因此也并未出现在警方嫌疑人名单上。唯一的解释是，他在短时间内成了激进分子。通过何种渠道？大概率是受到暗网影响。

驾驶大型货车冲撞人群的这一做法继而被其他"伊斯兰国"士兵采纳。仅一年后，在巴塞罗那，一辆卡车在兰布拉大道上以"之"字形横冲直撞，造成 13 人死亡。恰在袭击发生前几周，"伊斯兰国"在其"官网"上发布文章称，应当更多采用驾驶卡车杀人的方式进行袭击。一些分析家认为，"伊斯兰国"在叙利亚和伊拉克战争中的军事失利激发了该组织在欧洲加强袭击的必要性，进而向全世界进行政治宣传，目的在于发送一个讯息：我们不会被消灭，我们无处不在、无可阻挡。

2017 年 10 月 31 日，来自乌兹别克斯坦的 29 岁的赛富洛·赛波夫（Sayfullo Saipov）在曼哈顿驾驶货车撞死了 8 人。

他于 2010 年移民到美国，之后在几个州之间游走，从俄亥俄州到佛罗里达州再到新泽西州，袭击发生时他的住址就在新泽西州。事发后，"伊斯兰国"即刻宣称对这一行动负责，确认赛波夫是一名"哈里发士兵"。调查人员曾一度怀疑这是"伊斯兰国"的不实宣称，但通过调查不得不接受这一现实。赛波夫为这次袭击提前准备了整整一年，并进行了至少一次的实地排练，明确具体实施步骤，并确定如何尽可能扩大覆盖面。调查还发现，赛波夫曾观看过"伊斯兰国"的宣传视频，如在线杂志 *Rumiyah* 上发表的那段视频，这可能是他的灵感来源。赛波夫的准备时间长达整整一年，可见反恐情报部门的工作难度之高。租货车容易，剩余细节都由恐怖分子进行策划。

各国政府以及来自互联网的危险

分析员和记者的职业本质要求我们必须以事实说话。因此，以数据为出发点，我们对恐怖主义的大致轮廓进行了勾勒，并简要梳理了"伊斯兰国"使用虚拟网络工具跨越伊斯兰的地理边界，在全球各地播撒恐怖主义种子的发展过程。互联网至今仍然是恐怖分子采用的关键工具，并构成其战略战术的要素，也将在未来继续作为传播国际恐怖主义的重要手段之一。此类行径被一些美国分析家称为"互联网的过度利用"，并且以美国为代表的西方国家长期以来对此坚决抵制。

2009 年，时任美国国防部部长罗伯特·盖茨（Robert Gates）下令在位于马里兰州米德堡的美国国家安全局（National Security Agency，NSA）总部，建立起美国网络司令部（United States Cyber Command）。此司令部的重要意义在于，五角大楼的国防重点和目标由此转向网络保护（Department of Defense Information Network，信息网络防御部，简称 DODIN）。美国网络司令部还负责监测"伊斯兰国"组织及其在中东的互联网使用，后续衍生了司令部下属分支网络特工队，以及在 2016 年成立阿瑞斯联合特遣部队（Joint Task Force Ares），专门负责监听"哈里发"的互联网使用情况。这些新部门的成立，显然是由于五角大楼（美国国防部的办公大楼）认识到美国网络司令部在预防和打击"伊斯兰国"信息网络通信方面缺乏成效，证实了五角大楼的预测。自 2016 年建立阿瑞斯以来，美国特种作战司令部司令雷蒙德·安东尼·托马斯三世（与阿瑞斯密切合作）始终将其称为对敌人产生破坏性影响的重要因素。至于阿瑞斯采取何种运作模式、它与该地区地面部队如何进行协同，以及它在阻止"伊斯兰国"的互联网运用方面采取哪些措施，这些细节均未被披露。通过为数不多的消息来源所提供的零星消息可知，恐怖分子的互联网使用已受到大幅限制，他们的大量活动也被迫中断。

罗马非一日建成。要想取得卓著成效，精密的规划、大量的资源投入、与情报界的有效协调，都必不可少。此外，在建立新事物的道路上还免不了遭遇官僚主义的重重障碍，这也是需要克服的难点。阿瑞斯是西线在互联网保障上正式组建的首个官方组织，不仅对军队的战场行动给予支持，也作为防御和进攻性网络武器进行作战。

这是用以打击敌国和恐怖组织的武器。

反恐企业

大型网络供应商往往对用户的非法或间谍性使用行为不予干预，逻辑依据在于，互联网是民主的象征，支持并捍卫个体发表意见和传播新闻的自由权利和愿望。因此到目前为止，大型网络供应商在互联网犯罪、恐怖主义或间谍行为等方面所做的努力非常有限。我们必须通过不断成熟的人工智能技术，严格检测网络上的虚假个人信息和非法帖子，在捍卫言论自由与保障国家和公民的安全之间取得平衡。但我们也必须牢记，网络迷宫并不是非黑即白，这个空间内存在无限的灰色阴影。每一套解决方案都存在利弊，因此每一种创新无可避免地会招致纷杂的声音。

在打击颠覆性力量使用互联网的斗争历程中，2016年12月5日是一个具有里程碑式意义的日期。这一天，微软（Microsoft）、推特、油管（YouTube）、脸书等互联网巨头公司达成一项协议，将共同合作打击在互联网和社交媒体上展开的恐怖主义宣传。根据协议，几家公司将联合组建一个共享数据库，恐怖组织在网络上发布的暴力煽动信息和图像的数字"指纹"（称为"哈希函数"）将被收录在内。2017年6月，来自脸书的两名管理层人员在一篇帖子中称，公司正在开发一项禁止恐怖主义内容发布的项目。他们强调，这仅仅是一次尝试，由于平台用户数量庞大，使用多达80种不同的语言，因此实施过程高度复杂。该项目的三个主要功能如下。

图像匹配：系统会将每张新上传的照片与数据库中已经确定的与恐怖活动相关照片进行对比，或将有效限制恐怖主义宣传材料的传播。

恐怖分子集群轮筛（恐怖主义相关群体的识别）：脸书的高管指出，由于恐怖分子及其支持者往往以团体形式采取行动，因此一旦脸书监测到与恐怖主义有关联或对其予以支持的帖子，会将已发布的相关信息一并删除。此外，通过验证可疑账户与已确定参与恐怖活动而被关闭的账户之间的关联（是否在脸书上为好友关系），系统将由此识别出其他与恐怖组织相关的可疑账户。

累犯识别：对长期实施恐怖活动的用户所创建的虚假账户进行识别。

诚然，这是一次意义重大的反恐尝试和努力。但单就这些措施来说，其反恐力度还远远不够。正如前文所述，恐怖分子所采取的活动形式灵活多样且充满创新性，能灵活逃避互联网的拦截，这是我们所面临的不幸事实。为了使以网络反间谍为核心的反恐战略得以有效实施，对于网络上已发布材料的收集和维护具有重要意义。同时，现存于网络空间中具有犯罪性质的视频和文本也须尽快清除。

油管遵循这一路线，投入开发了一项新技术，可以有效识别出不宜发布的内容，并对其进行举报和删除。这项新技术立足于具备人工智能的计算机能够自主学习和存储信息，从而有效识别极端主义群体所公开的视频。该技术并非尽善尽美，仍依赖于人类的干预和判断，但这不妨碍该技术成为打击恐怖主义宣传的全新工具。然而不幸的是，在该技术尚待推出之际，油管在 2017 年 8 月承认误删了许多恐怖主义活动的历史视频，这些视频记录了恐怖分子所犯下的种种罪行。《纽约时报》驻伦敦的分析师克里斯·伍兹就这一事件发表评论："关于这场可怕战争的记录正在我们眼前消失。"

第三章 | 网络战争 🔍

曾经，恐怖主义仅狭义指代叛乱团体出于政治原因或地区独立目的而开展的暴力行动。随着时间的推移，结合各国国内、国际背景，它的延伸含义也包括由宗教仇恨所激发的攻击。但单就网络恐怖主义而言，它是网络间谍活动甚至网络战争的同义词。总而言之，如果网络恐怖主义行为并非由某个颠覆性团体主导，而是由某一国家的机密机构向另一国家实施并造成破坏性后果，我们可以称之为变相的战争行为。

　　近年来，此类不宣而战的情况比比皆是。一部分可以归类为政治干预或网络间谍，我们将在后续章节中深入探讨，剩下的情况则是真正意义上变相的战争行为，只不过是战而不宣罢了。网络恐怖主义、网络间谍、网络干扰等概念间的分界线相当模糊。

爱沙尼亚案例

以 2007 年 4 月爱沙尼亚网站为例。爱沙尼亚与立陶宛、拉脱维亚三国被称为波罗的海国家，它们经济繁荣，拥有先进技术，但由于在国土面积和人口数量上均属小国，因此相对脆弱。1940 年，这些国家为抗衡明确的军事威胁而加入苏联。出于种种历史、文化和宗教原因，这一决定使爱沙尼亚民众对俄罗斯这个强大邻国普遍产生敌意。1991 年苏联解体后，波罗的海国家重新崛起。2004 年 3 月 29 日，波罗的海三国与其他几个东欧国家共同加入北约：俄罗斯作为苏联的主要继承者，对此表达了强烈愤慨，但同时也深感无力回天。不久的将来，俄罗斯也会采用其他具体方式来表达其不满情绪。

众所周知，象征性符号在国家政治、地缘政治和国际关系中发挥着关键作用。2007 年，爱沙尼亚政府决定移除立于首都塔林中央广场上的铜兵雕像，该雕像是苏联时期的遗物，代表参与击败纳粹敌军的光荣红军。并非所有爱沙尼亚人都对拆除决定表示赞同，也有民众进行示威反对，但不足以动摇爱沙尼亚政府拆除雕像的决心。由此，爱沙尼亚政府在其公民面前再次明确了其国家和政府的完全独立性，但与此同时也是向国际社会发出明确信息，这在一定程度上打击了俄罗斯民族的自尊心。

2007 年 4 月 27 日，多个网络攻击同时袭击了爱沙尼亚国家的核心机关，各部委、议会和银行活动被迫中断。僵尸网络（即具有远程控制和非法目的且隐藏身份的计算机网络）发送了无以计数的垃圾邮件，使爱沙尼亚的电信网络彻底陷入瘫痪。非但无法进行金融和银行交易，甚至连同事之间传送普通电子邮件都遭遇失败。袭击者所采用的手段之一是DDoS（Distributed Denial of Service）攻击，即分布式拒绝服务攻击。攻击者通过使用恶意软件，恶意感染机器和设备，从而使整个服务网络发生故障。对这个波罗的海小国的基础设施实施如此攻击的行为，震惊了所有爱沙尼亚人，他们深感自身安全遭遇侵犯。当然，俄罗斯否认与该事件存在任何干系。该行为本身并不是战争行为，攻击目的也并非对目的国实行长期基础设施破坏。这是威慑力的展示，是向爱沙尼亚政府发出的警告，也是向反对爱沙尼亚政府决定的亲俄民众所传递的团结信号。

这场针对爱沙尼亚政府机构和银行的攻击，是对发起攻击的黑客和应对攻击的自我防御方的共同考验。北约的战略家们在对这场攻击进行深入研究后得出结论，网络安全将在未来军事和社会安全中扮演不可或缺的角色。在此事件后，北约成立了合作网络防御卓越中心（Cooperative Cyber Defence Centre of Excellence，简称CCDCOE），该中心至今仍在运转。爱沙尼亚也相应成立了一个自愿性质的网络防御机构。

乌克兰网络袭击

乌克兰近年来屡遭网络恐怖主义袭击，该现象背后的政治成因值得细说。如今已成为独立主权国家的乌克兰在苏联时期是仅次于俄罗斯的最重要的成员国。几个世纪以来，由语言文化联结而绑定的俄乌关系一直处于起伏状态，时而结成紧密同盟，时而剑拔弩张。随着1991年苏联解体，新时期乌克兰政府开始逐渐向西方靠拢，希望获得政治自治权和经济合作双方面的依托。但事实证明，这条道路并不好走。

一方面，乌克兰国内严重腐败的政治局面，以及一些欧洲大国对于经济受重创的苏联国家的不信任，使得乌克兰通常被视为垫脚石而非有价值的盟友；另一方面，欧盟能够为乌克兰提供的资源所具有的价值非常有限，种种因素最终导致乌克兰向欧盟和北约靠拢的步伐放缓。然而，对于乌克兰（当时还包括克里米亚半岛）有朝一日被纳入西欧并且后续成为北约成员国的可能性，俄罗斯政府从未放松警惕。

2014年初，俄罗斯打破僵局，对乌克兰政府与克里米亚俄罗斯族居民间的危机进行干预。俄罗斯军队通过一次闪电行动迅速占领整个克里米亚半岛，并在半岛驻军，包括建立俄罗斯舰队一个重要的海军基地。俄罗斯随即迅速召集公投并宣布克里米亚回归俄罗斯。欧盟、美国、部分俄盟友国以及乌克兰政府对此公投结果表示拒绝承认。

通过这一行动，俄罗斯进一步阻碍了乌克兰加入北欧的进程，并借机向国际社会展示了其强大的军事力量。当时的俄罗斯刚从2008年对格鲁吉亚发动的战争中丧气而归，因此在克里米亚的成果无疑鼓舞了俄军士气。在某种程度上，这也是普京对时任美国总统巴拉克·奥巴马的回应，后者曾将俄罗斯称作"区域性势力"。美国和欧盟面对俄罗斯的战争行动束手无策，唯有对俄罗斯采取一系列经济制裁措施。然而，这场克里米亚的胜利并非终点，俄罗斯企图持续扩大在乌克兰领土上的影响力，以及对基辅政府进行干涉。对于下文即将介绍的事实，虽然俄罗斯政府从未松口承认，更别指望其对此宣称负责，但大量证据证明，俄罗斯与该事件脱不了干系，除此以外也无法找到其他合理解释。

2014年5月，在克里米亚事件仅两个月后，一个名为Sofacy的黑客组织针对乌克兰政府计算机网络开展了大规模袭击，而这仅仅是开始。乌克兰其他重要基础设施也很快遭到网络攻击。2015 年 12 月 23 日，乌克兰西部伊万诺－弗兰科夫斯克地区的 23 万名居民突然遭供暖供电中断 6 小时之久，事故原因被判定为该地区发电厂受到远程黑客攻击，导致当地 36 个发电站和 2 个主要配电中心电源均被切断。这很有可能是黑客首次针对电力网络系统实施攻击。乌克兰政府和专家求助美国联邦调查局和美国国土安全部参与该事件调查，得出的结论令人担忧。破坏行动前期准备工作的揭露，令人背脊发凉：早在事发几个月前，黑客攻击部署工作已经开始，针对乌克兰能源行业的信息技术（IT）专家和系统管理员进行网络钓鱼攻击（是指通过冒充受信任组织的操作人员，以合法理由要求系统提供数据从而获取机密信息的方法）。由于缺乏双重认证程序，黑客能够轻易获取密码和相关信息。网络攻击发起后，伴随着针对电话网络的 DDoS 攻击，服务器中断运行长达数小时，从而造成中央一级警报的延迟启动。

这等规模的行动计划和后勤保障需要大量资金投入才能实现，只有国家部门机构才有能力承担，而这些迹象都将视线引向了俄罗斯。随后在 2016 年发生了一起类似的针对乌克兰电网的小型事件，2017 年 6 月又发生了一起规模更大的事件，它们采取的手段均为网络攻击，后一次采用的是 NotPetya 勒索软件，袭击对象不仅是乌克兰能源部门，还包括政府机构、运输业和银行。事件发生后，乌克兰安全局（SBU）立即要求俄罗斯对这些破坏行动负责，其他一些西方信息技术安全公司也得出相同结论。

能源领域面临风险

对于黑客和破坏活动实施国的情报机构而言，开展网络攻击不仅是为了获取信息和造成对方经济损失，还要对敌对国民众造成心理创伤：电力作为现代生活中的基本要素，供电中断会让群众产生心理恐慌，他们对本国政府执政能力的信心也会相应削弱。主事者和实施方对其行为所造成的影响必然心知肚明。

自2010年以来，国际黑客针对欧洲和美国的国防和航空部门展开重点攻击。攻击手段是通过在远程访问木马（Remote Access Trojan, 缩写 RAT）这一恶意程序上传播一种名为"蜻蜓"（Dragonfly）的恶意软件，从而实施高级持续性威胁（Advanced Persistent Threat, 缩写 APT）。APT 是网络攻击的一种，攻击持续时间长，攻击对象包含任何类型的数据库。（但需注意，有时该缩写 APT 也表示正在进行间谍行动的黑客群体。）

此类网络攻击主要针对能源公司、生产商和分销商以及输油管线运营商而展开。西班牙、法国、德国、土耳其和波兰等国的此类能源设施也成为攻击目标。后续调查结果显示，"蜻蜓"的主要目的是通过典型的计算机间谍活动来窃取和上传机密数据，并在受威胁系统中继续安装恶意软件。随着时间的推移，这类攻击持续发生。美国多家媒体在 2017 年 6 月 30 日报道称，美国国土安全部和联邦调查局向多家能源公司发出通告，告知其公司系统内存在高级持续性威胁（APT），黑客正在窃取其网络密码。通常来说，APT 肇事者多为外国情报部门。在众多受威胁对象中，包括在美运营的约 100 个核电站中的几家，狼溪（Wolf Creek）便是其中之一。狼溪是一家位于堪萨斯州伯灵顿市附近的大型核电站，自 1985 年以来一直正常运转。在此次事件中，黑客虽然成功迫使核电站的运作中断，但随后发现核电站控制系统与公司操作系统处于分离状态，该系统并不与互联网相连。该网络攻击针对至少 12 个核电站以及其他非核电站展开。攻击者很有可能与俄罗斯情报部门相关，他们利用在工厂工作的人的卡片，以便与系统管理员和高层官员取得联系，之后窃取访问数据和密码。调查人员得出的结论是，黑客此番行为并不试图造成像乌克兰那样的全面停电，而是遵循不同的计划，其意图或许仅限于窃取信息和数据，以备未来进行攻击。

新型武器的诞生场景

对发电站实施网络攻击并非俄罗斯情报部门的专属行为。

例如代号为"奥运会"的网络攻击的幕后主导者美国和以色列情报部门，成功运用"震网"病毒对伊朗中部纳坦兹的铀浓缩计划设施进行破坏。之后，根据《纽约时报》对美国军事人员提供的机密信息进行重建后揭露，美国和以色列情报部门已获得其政府对该行动的批准，得以继续进行。

自 20 世纪 90 年代初以来，美、以两国始终密切关注伊朗德黑兰的核计划进展，理由是担心该计划的实际目的是制造核武器，并非如伊朗人所声称的那样用于民用目的。一旦得到证实，意味着伊朗违反自愿履行的《不扩散核武器条约》（NPT）。该条约于 1970 年生效，伊朗做出承诺将维持其非核武器国家身份。美国和以色列在 20 世纪 90 年代和 21 世纪初积累的大量证据表明，伊朗不断从俄罗斯等国家汲取核知识和技术。

在地缘政治分析中，一个国家的资产负债表是展示该国真实意图的一项关键衡量指标。在伊朗的财政预算中大量资金被规划用于军事和研究部门。事实情况是，伊朗政府所做的一系列值得商榷的行政决定，加之近年来国际石油价格的下跌，已经让这个国家深陷危机。在对官方数据和情报部门截获的信息进行比较后可见，伊朗政府不仅为提高核能力而投入大量资源，还存在发展导弹计划的意图。众所周知，同时拥有这两大要素将使这个国家有能力成为核国家，这是美国和以色列——尤其是后者——所不愿看到的。在克林顿执政时期以及后来的乔治·布什和巴拉克·奥巴马时期，美国一直在试图阻止或至少放缓伊朗的核计划进程。美国通过外交手段将俄罗斯、英国、法国、德国召集到准备与伊朗对话和对抗的同盟中。与此同时，美国也对伊朗的组织和公民实施了经济制裁。在幕后，不少美国"鹰派人士"大力鼓吹采取武力行动的必要性，似乎除此以外毫无他法。事实上，美国面临着各种官方和非官方的选择。据我们所知，这些选择的存在大大增加了美国和以色列的气馁感，因为任何一种选择都不尽如人意。

乔治·布什执政时期，在美国中央情报局（CIA）和布什政府内部的混乱局面中，"鹰派"和"鸽派"之间就此问题不断交锋，有人提议继续采取外交手段进行交涉，也有人坚信应当采取更激烈的手段，持后一态度者包括时任美国驻联合国外交负责人约翰·博尔顿。随着时间的推移，观察者对伊朗核计划进展的速度、覆盖面和方向的关注程度持续上升。布什总统在 2002 年国情咨文中将伊朗、朝鲜与伊拉克并称为"邪恶轴心"。同时，来自以色列的外部施压难以忽视，伊朗核计划和导弹计划一旦实现，将对整个中东地区的稳定构成严重威胁，并可能影响全球。种种因素迫使布什必须做出抉择。最后，他认定这是外交手段缺乏有效成果所造成的，并坚持必须采取行动，否则阻止伊朗核武器计划将愈加艰难。

获得制造核武器所需的裂变材料有两种途径：一种是通过钚，它是核电站或重水生产设施的副产品；另一种是将铀浓缩到 90% 以上成为武器级别材料后适合用于弹头。为了给纳坦兹的核设施创造后一种生产条件，伊朗政府进行了大量投资，在核电厂配备了离心机。这批离心机，一部分来自巴基斯坦政府，一部分来自与阿卜杜勒·卡迪尔·汗（A.Q. Khan）的附带交易。阿卜杜勒是巴基斯坦核武器开发的主要设计者之一。尽管这些机器工作效率不高，机身状况也并不理想，但其威力足以引起美国和以色列的重视。对这两国而言，如果不采取任何措施，伊朗人将很快生产出足量的铀元素来制造一种或多种核武器。还有一个不容忽视的事实是，伊朗时任总统马哈茂德·艾哈迈迪 - 内贾德（Mahmoud Ahmadi-Nejad）随即宣布计划将纳坦兹的离心机数量从 1000 余台激增至 5 万台。于是在 2006 年初，布什在第二任期刚过半时，决定打破迟疑、探索其他新路径，其中包括美国战略司令部和国家安全局的一项提议，即利用网络攻击中断或至少大幅干扰伊朗核计划。这项行动随后被命名为"奥运会"。

"奥运会"行动和"震网"病毒

网络攻击这一概念对美国人来说毫不陌生。"奥运会"行动是之前的一次网络攻击，为了中断土耳其向伊朗境内的能源供应，美国就对伊朗发动过网络攻击，但该行动破坏性远不及"震网"病毒。布什批准的"奥运会"行动更具野心，目标通过受感染的 U 盘向伊朗纳坦兹的主要计算机植入病毒。病毒一旦进入计算机系统后就会苏醒并打开离心机控制阀门，迫使极度精细的转子（即离心机的核心）高速旋转，导致机器崩溃。方案很明确，但对是否能取得成功并无把握。为确保成功率，先得在类似伊朗离心机的设备上进行测试。解决办法是向利比亚的穆阿迈尔·卡扎菲政权购买废弃设备，而正是来自美国和部分西方国家的施压和威胁，卡扎菲在 2003 年被迫终止刚起步的核武器计划。事实证明，利比亚的离心机非常适合测试，因此被集体运往美国国家实验室，美、以专家开始进行大规模测试，为日后的实战攻击做准备。2008 年，网络攻击准备就绪。

"奥运会"行动架构基本分为三阶段：第一阶段，通过 U
盘将病毒植入纳坦兹总部的计算机系统，然后收集信息；第
二阶段，启动实际攻击；第三阶段，在持续中断离心机的基
础上，尽可能长时间地蒙蔽伊朗技术人员。与在"奥运会"
行动之前所进行的其他网络攻击相比，"震网"病毒的破坏
性最为显著，并最终对伊朗造成了极为重大的打击，不仅
在于实体设备的损坏，更在于国家士气受到重挫。伊朗科学
家和技术人员连续几个星期夜以继日寻找合理解释却毫无收
获。最终，984 台离心机——在纳坦兹运行的离心机中占据
极大比例——停止运行，使伊朗的铀浓缩计划推迟近一年。
尽管这一破坏行动取得成功，伊朗核武器计划仍然得到恢复
和继续推进。这表明，即便异常有效的网络攻击也无法阻挠
一名强大的、有组织的对手——一个大国——前进的步伐。

　　"震网"病毒没有被时间遗忘。奥巴马入主白宫后接手
了布什的这项遗留计划，为其背书，并被迫承担了政治代
价。尽管美国的初衷是对该行动绝对保密，以便掩盖其参与
痕迹，但事实是，"震网"病毒在进入伊朗计算机后开始逐
渐扩散到其他国家和地区，最终被不同国家的众多专家发
现并进行分析。就是这样，全世界领略到了网络攻击兴起的
力量和美国在该领域的威力。"震网"病毒事件象征着地缘
政治的转折点：该事件证明，网络攻击有能力对敌对国的

国家计划造成严重的财政和技术损害。

当然，对奥巴马而言，若能免于在国际社会面前做出回应，哪怕只是道德回应，那便更为理想了。

对策与合作

不难想象，这场竞赛在未来将变得更为复杂和精密。在西方国家，除了美国国家安全局、美国中央情报局和英国政府通信总部（Government Communications Headquarters，缩写 GCHQ）等情报机构外，还有许多一流的 IT 安全公司，如赛门铁克（Symantec）、CrowdStrike、思科（Cisco）等。其中一些私营企业在识别计算机黑客及其支持者方面具备出色的策略和技术，它们未来的发展和应用将充满无限潜力。

另外，在反对北约体系国家所开展的网络间谍活动中，其发展前景也在不断变化。比如，为人熟知且具有自身代号的俄罗斯黑客组织——2014 年的"活力熊"——一夜之间从网络间谍活动中销声匿迹。但不久之后，新的黑客组织相继诞生，如"棕榈融合"（Palmetto Fusion）组织，它与"活力熊"有许多共同目标，但运作方式不同。

关于"活力熊"和"棕榈融合"的起源和目的、它们与其他黑客组织的关联等问题，西方分析家提出了众多疑问。

但核心问题只有一个：如何打击网络恐怖主义？

这些方法基本上与已经被用于打击网络犯罪的方法没有区别。首要因素无疑是人力资源的准备，这将在第九章中做深入探讨。此外，还必须尽可能厘清外部黑客组织名单，因为政府情报部门常常将部分工作外包给这些黑客组织，这已成为常态做法。还有人认为，黑客群体间经常保持联系或至少了解相互的动态。简言之，同行黑客间通常相互认识并有来往，因此识别出一部分黑客就有望引向一整个相关群体。这也向民众传递了一个信息：抵抗网络攻击，不能指望存在终身的免疫力。

这一点尤其重要，因为正是在这些政府组织之外的黑客群体中间，受政府指派进行间谍活动的特工和进行网络犯罪的特工之间存在联系。例如，配合俄罗斯政府特工部门攻击乌克兰的犯罪组织或许正是利用了——不排除没有利用的情况——他们所了解的网络攻击的混乱局面进行犯罪活动。

提倡的做法是在受到公认的领导者带领下开展必要合作，能够协调政府行政及立法部门、媒体、学术界、智囊团和专业私营黑客组织间联动的整体战略。在互联网安全领域，为了实现公共利益，各群体可以在保持自主性的同时进行富有成效的合作。其中，最重要的一点是能成功设想和预测网络恐怖组织可能采取的行动。20世纪70年代，世界的分析家们试图对活跃在欧洲的恐怖分子所采用的武器类型和战术进行猜测，最终结果仍没有排除化学、生物甚至核攻击的可能性。当时令人无法想象的是，国家安全居然会因为将互联网作为武器而受到威胁。时至今日，我们必须对此采取行动。

美国国防部已经正式开展与硅谷和学术界在网络安全方面的合作。2015年，在时任美国国防部部长阿什·卡特（Ash Carter）的推动下，五角大楼在硅谷和波士顿分别设立办事处以持续发展与美国顶尖专家的对话关系。这直接引向后来在五角大楼内设立国防创新实验单元（Defense Innovation Unit Experimental，简称DIUx），负责管理用于军事用途的重要信息技术的投资。尽管有不少评论对私营公司参与五角大楼的战略提出指责，但这仍成了公私合作的重要典范，或将为美军和广大群众提供更广泛的网络安全保障。

许多专家认为，目前西方国家在互联网的使用上对恐怖组织仍存在巨大的知识和技术优势。但必须牢记的是，在军事上击败"伊斯兰国"组织，并不意味着彻底战胜"伊斯兰国"。目前，该组织仍在多个国家境内保持活跃。对恐怖分子的未来行动做出假设和猜测，不仅是以色列和美国，同样也是欧洲各国的重要关切。如果确实如此，那么就非常有必要对过去十年间网络世界发生的巨大变化进行回顾和梳理。看向未来十年，无疑会出现更加重大和复杂的发展变化。例如，本书最后一章将专门探讨"物联网"，它固然为人类带来了提高日常生活效率的新机会，但也导致了犯罪率升高和增加了被恐怖主义利用的脆弱性。

　　一路走来，虽然我们取得了积极成果，大众对捍卫金融和能源基础设施等战略结构的安全意识也与日俱增，但目前对网络安全的重要性仍然缺乏足够的认识，这着实令人担忧。就美国而言，国家安全局在防范网络攻击上发挥着核心作用，但一想到爱德华·斯诺登（Edward Snowden）事件，就不免让人忧心。《华盛顿邮报》一篇报道指出，在美国国家安全局共计21000名雇员中，一些顶尖人力资源正在流失。官方公布的数据中，科研人员的离职率达5.6%，从事日常敏感业务的人员离职率更高。随着私营信息技术机构正在大幅增加高薪岗位，为网络专家和专业人才创造了更多就业机会，公共机构的人员流失现状很可能将延续下去。即使国家安全局正在尽力寻找继任、替换离职的网络专家，也无法在短期内迅速填补新雇员在经验和能力上的差距。种种隐性因素决定了美国政府在未来一段时间内的网络安全能力。

第四章 | 美国等西方世界和网络犯罪的演变 Q

我们定义的网络犯罪主要指利用互联网和信息技术实现非法目的的行为，如敲诈勒索或窃取机密信息以获取某种形式的——主要为经济性质的——优势。社交媒体上所展开的具有非法目的的秘密活动也属于网络犯罪的范畴。本书将重点针对政府和公司的网络犯罪进行讨论。网络犯罪率的日益攀升迫使西方发达国家在网络治安维护上加大人力和财力投入。一大原因在于有犯罪组织不断发展新技术和新手段，以增加其收益并扩大影响力。

　　由于地缘政治、社会经济等种种因素的影响，美国是受网络犯罪影响最严重的国家之一，近几年来，美国当局接收的警报接连不断。在美国主要的执法机构中，联邦调查局直接负责调查网络犯罪和网络恐怖主义，调查范围主要集中在美国境内活动，同时也与欧洲刑警组织等国际伙伴持续保持密切关系。

美国联邦调查局的网站上写道，网络犯罪威胁正呈现前所未有的复杂性、危险性和高水平。即便是如此警醒的描述也没有完全表达出眼下网络犯罪对美国政府和商业利益所构成的严重威胁，而已测算出的财务损失只是冰山一角。事实上，美国和国际专家都不可能用可靠的统计数据来量化网络犯罪的规模或成本，因为没有真正可靠的数字。2012年7月，时任美国国家安全局局长基思·亚历山大（Keith Alexander）将军在华盛顿特区的一次演讲中，援引私营部门相关数据并表示，网络犯罪每年给美国企业造成的损失或高达2500亿美元。亚历山大补充说，全球网络犯罪的成本预计约为1万亿美元。据美国国家安全局估计，世界上多达四分之一的非法网络活动是专门针对美国展开的。

亚历山大称之为史上最大的财富转移。

然而，私营部门的专家对这一观点众说纷纭，一部分人认为该数值虚高，但也有人认为该数值可能比实际情况要低。但无论事实真相如何，这个数值的骇人程度不容忽视，而这还是十几年前的数据结果。其危害性不仅体现在为打击网络犯罪而付出的高昂的财务和运营成本上，还严重损害了受到网络犯罪攻击的公司的声誉。关于该现象的调查数据反映在德安华（Kroll）发布的第十期全球欺诈风险年度报告中。德安华是一家大型知名网络安全公司，业务范围覆盖全球。该报告指出，公司于 2017 年遭受的网络数据盗窃首次超过实物资产盗窃，而最为惊人的是，86% 的受访者表示在 2017 年遭遇过至少一次网络欺诈或数据丢失，这一比例可能还不包括那些不愿意承认自己是网络犯罪受害者的人。

联邦调查局针对网络攻击的回应

如果对遭受网络攻击的政府和私营机构名单进行浏览，会让人不禁不寒而栗，因为受害方还包括那些专门负责打击网络犯罪和网络恐怖主义的机构。在美国，该名单包括：白宫、中央情报局、联邦调查局、国家安全局、国防部、人事管理办公室、各州政府和执法组织、谷歌、雅虎、美国银行、安泰医疗、摩根大通、波音、美国运通、家得宝、艾可飞和塔吉特百货。除此以外，还有无数家机构遭到了针对公共和企业设备的计算机入侵。在每一个数据库黑客的背后，是数以百万计美国人的个人数据甚至财务数据面临泄露或被置于危险之中。而在欧洲和亚洲，受害机构数量也与美国不相上下。

为了更好地应对攻击和履行使命，美国联邦调查局在官网宣布，已将相关干预措施的展开作为工作重点，对其投入主要资源。最重要的一项是打击对计算机和网络的入侵。这些来自外部的攻击往往针对基础设施系统——例如医疗和银行系统——展开，对其造成严重破坏甚至使其彻底瘫痪。每年的系统修复工作都需要耗资数十亿美元。

美国联邦调查局网站解释称，攻击者可能是谋取私利的黑客、竞争对手公司、犯罪团体、他国间谍、激进派，甚至恐怖组织。

在此背景下，美国联邦调查局启动了一项涉及多家关联机构的行动计划。在华盛顿特区总部专设办公室来指导和协调全国各地 56 个办事处的信息小组工作。该办公室还组织协调专家团队，根据受攻击机构的需求，在国内和全球范围内远程协助网络攻击案件的破解工作。联邦调查局还加强了与美国国内其他具有网络安全专业知识的联邦和地方各级组织的合作，包括国家安全局、中央情报局、国防部、国土安全部以及纽约和其他主要城市的警察部门。我们认为，美国近年来做出的巨大努力使美国警察部队的网络系统得到显著改善，但还远没有达到全面控制局势的阶段，针对美国企业的网络攻击仍频频发生。

美国联邦调查局的第二项工作重点是解决普及的勒索软件所引发的挑战。勒索软件是指对高价值的数字文件进行加密或锁定并在收到赎金后进行解锁的软件。该过程通过发送电子邮件触发：一旦接收者打开这封邮件，就会释放邮件内嵌的恶意软件，恶意软件对本地驱动器上的文件和文件夹或共享网络下的其他计算机快速进行加密以构成勒索。该勒索手段的成功率很高，许多受害人选择支付赎金以重新获得文件访问权。这也是人之常情的选择，因为一旦丢失或失去公司重要数据的访问权限会对公司造成严重后果，甚至导致业务中断。勒索软件的衍生形态是盗窃数据，如果受害方不支付赎金，攻击者就会以公开具体数据进行威胁。即使是私人家用电脑也易受勒索软件的攻击，尤其是如今黑客已经脱离电子邮件这个媒介，能够在合法网站上进行数据盗窃了，因此，理论上任何网站访客的电脑都有被恶意代码感染的风险。各个企业如今也意识到，屈服于勒索并不能确保系统正常恢复，因为在大量案件中受害方哪怕支付了赎金，仍无法重获数据。这种情况下，最好的防御措施是加强对计算机信息安全的基础保障。虽然这样也无法保证万无一失，但像预防措施之类的尝试仍具有至关重要的作用。

基于坚实的技术保护，IT 系统用户间进行有意识的合作具有同样重要的意义。此外，还应制订业务连续性计划，通过在不同服务器上持续地进行数据备份，即便发生勒索软件攻击事件，也可以最大程度地降低甚至免除损失。

面对网络威胁，为了保障政府、公司和个人的网络信息安全，必须坚持贯彻信息安全三要素（即 CIA 三要素）原则，这在第一章中已做介绍。这三要素在美国联邦调查局的调查经历中也常常出现：数据保护的重要性，保证非法用户无法随意访问，并确保合法用途下的可适用性。在对网络攻击案例的分析中可见，如果不遵守信息安全三要素原则的衍生规则，损失程度和影响面将会非常严重。

安泰案

2015年2月，美国第二大健康保险公司安泰医疗（旗下有"蓝十字"和"蓝盾"等多款广受好评的保险和福利产品）宣布，多达7880万名客户的个人数据可能已遭网络攻击的侵犯，安泰及多个医疗保险系统受到攻击。外泄信息包括全名、家庭住址、社会保险号码（简称"社保号"）、出生日期、就业信息和收入。该事件发生后，没有个人或团体对此次攻击宣称负责，但嫌疑人疑似与国际黑客组织有关。联邦调查局对此展开深入调查后无果。安泰集团委托一家美国私人信息安全公司进行调查后判定，此次事件借助的手段是网络钓鱼，可能是一名安泰集团员工有意打开了一封假电子邮件，电子邮件中的恶意软件访问了公司存储的数据。

大多数网络犯罪分子对于致残或重病患者是否获偿毫不关切，他们在乎的只有社保号这样的数据信息。在美国，银行账号和密码或许会变更，但社保号是永远不会变更的信息，且可以变相作为申请信贷的凭证。这样的内在价值决定了一个社保号能在黑市上卖到 300 美元。"安泰事件"发生后，此类企图盗用或出售社保号或其他个人信息的案件便鲜少发生了，这一现象在该事件发生前几个月就逐渐显现苗头。但毋庸置疑的是，这是美国史上规模最大的一起医疗数据盗窃案，动摇了客户对该保险公司的信任。该事件证明了信息安全三要素中"保密性"（数据的保密性）这一要素的重要性。

泄密事件发生后，安泰公司在声誉和形象上遭受巨大损害，虽然是意外但并非全无过失。安泰被迫承认没有采取足够的预防措施，忽视了确保 IT 安全所必须实施的基本程序，包括对公司文件进行加密。后续还出现连带代价：公司除了面临多件集体诉讼以外，还需要拨出 2.6 亿美元特殊预算用于更新基础设施。安泰保险为其在此之前对信息安全的忽视付出了沉重代价。

索尼影视娱乐公司

2014 年 11 月 24 日周一上午，隶属于日本索尼公司的国际娱乐巨头索尼影视娱乐公司（索尼影业）的加州总部的员工收到一份与众不同的早安问候：他一打开电脑，伴随着火灾报警器此起彼伏的噪声，屏幕上出现了一个燃烧着的骷髅。这条显然是为了传达恐吓信号的信息发送自一个自称"和平卫士"的黑客组织，他们在发动网络攻击后自感得意扬扬，并表示愿意理赔。在该事件发生前夕，索尼影业正准备发布由塞斯·罗根和詹姆斯·弗兰科主演的动作喜剧《采访》(The Interview)。该片情节颇为新颖，但显然并非人人欣赏。电影讲述了两名获准采访朝鲜领导人金正恩的记者被中情局特工找到，提议暗杀这位受民众爱戴的领导人，这两名记者最终接受任务并成功实现目标。这部电影题材介于喜剧、动作和怪诞之间，没有得到大多数评论家的青睐。

朝鲜显然也并不欣赏该片，但并非因为电影美学上的分歧。不难想象，朝鲜官员丝毫没有被电影中的"不敬情节"所取悦，还认为这部电影不仅体现了美国人的傲慢无礼，甚至心怀不轨，企图煽动朝鲜民众通过政府法令来谋害广受爱戴的国家领袖。因此，在黑客攻击发生前几周，朝鲜曾向索尼影业提出警告，要求后者取消影院公映以及 DVD 和电视发行。索尼影业对此置若罔闻，确认电影《采访》的首映日期为2014 年 12 月 11 日。

一位美国安全官员表示，根据初步调查，有 99% 的把握确认该袭击实施者为朝鲜特工。后续调查证实，黑客通过在一台朝鲜语计算机上准备的恶意软件破坏了索尼影业的网络信息安全防御系统。此次攻击在多方面取得巨大胜利。索尼影业代价惨重，不仅体现在经济利益损失上，并且损害了公司形象，大量机密信息被盗取后公开在各个网站上。与安泰的数据泄露事件相似，黑客所公开的索尼影业数据包括员工姓名、住址和工作信息。据估计，全公司多达47000名员工和承包商的个人信息流出，涉及人员包括一众好莱坞明星。在经济损失方面，索尼影业正在筹备进程中的电影剧本也遭泄漏，包括4部尚未上映的电影。并且，此次攻击造成公司6797台电脑中的3262台被损坏，从而必须进行更换。

经计算公司遭受的包括直接财务成本和业务运营中断成本在内的一系列损失后可判定，网络攻击将对公司造成毁灭性后果。除黑客攻击外，很难想象是否还有其他事件能给制作公司带去同等程度的损害。如果不计人员伤亡的损失，即便对办公楼进行轰炸也不会给公司财务状况造成如此严重的后果。上述事件发生后，惊慌失措的索尼影业高管层做出了一个惊人决定，在很多人看来，该决定的喜剧效果超过了涉事电影本身：由于担心遭受进一步报复，索尼影业决定放弃发布这部电影。欧美民众对此并不买账，认为这是向暴力投降、放弃言论自由，要求必须坚决抵抗，维护言论自由。

甚至连时任总统巴拉克·奥巴马都感到有进行干预的必要性，反对索尼影业高管的懦弱行为。奥巴马表示："如果有人靠恐吓手段就能阻止一部讽刺作品的发布，那么试想下一步，如果他不喜欢某一纪录片或新闻报道，迫使制片方进行自我审查，这将引发怎样的局面？"这部电影最终得以放映，但由于发行商面对黑客持续发出报复威胁不敢怠慢，且不愿承担任何经济风险，该片最终只在全美200家影院上线。在欧洲，这部影片只在少数国家放映。例如在意大利，它只通过DVD销售发行，直至2015年6月才由意大利天空电视台播出。这一网络攻击案件迫使索尼影业联席董事长艾米·帕斯卡尔（Amy Pascal）辞职。

可以得出的结论是，与"安泰事件"一样，索尼影业公司内部安全缺陷是导致本次网络攻击成功实施的一个关键因素，起因是某名员工看似无意打开了一个受病毒感染的文件或电子邮件。为了呈现事件的完整性和公正性，有必要指出的是，调查人员并没有忽视对该事件其他相关因素的关注。除了朝鲜当局的反对以外，其他可能的潜在因素是对手公司的商业竞争，甚至是索尼影业公司高管层内斗。

HBO 案

索尼影业并不是影视娱乐领域唯一一家受网络攻击的制作公司。例如，业务范围遍及全球的奈飞（Netflix）也没有逃出黑客的股掌。制作了大量广为流传的电影电视剧产品的美国付费电视网络 HBO（Home Box Office），也遭受过多次网络攻击。针对 HBO 的第一次攻击发生在 2015 年，手段是网络勒索。黑客把电视连续剧《权力的游戏》（*Game of Thrones*）尚未播出的某一集内容上传至网络，并威胁 HBO 如果不支付赎金，就会把剩下未播的所有剧集内容一并泄露。HBO 遭遇的最严重一次网络攻击发生在 2017 年，纽约联邦法院起诉伊朗人贝赫扎德·梅斯里（Behzad Mesri），指控其犯有计算机欺诈、电信欺诈和勒索罪。梅斯里要求 HBO 支付价值 600 万美元比特币的赎金，并威胁将在网上泄露多达 1.5TB 的公司数据、文本和视频。据称，该项操作由梅斯里在伊朗境内展开，因此他无须担心会遭到美国的司法审判。

这份被盗资料的数量巨大，大约是索尼案中被盗数据数量的 7 倍。在互联网上曝光的 HBO 资料包括内部通信、电子邮件和流行节目的剧情预告，如《球星》（*Ballers*）、《热心肠》（*Curb Your Enthusiasm*）、《杜斯》（*Duece*）以及《权力的游戏》。出于谨慎态度，美国联邦检察院没有明确指出怀疑梅斯里在伊朗政府授权下行事，但确定他曾在伊朗军事机构担任网络技术专家。他可能是单独行动或与其他特工合作，但无论是否与德黑兰政府有关联，都非 HBO 高管的关切所在，后者最关心的还是剧集内容保密问题：如果观众已经知晓第十二集的结局，谁还会去看第九集和第十集？

美国政府遭受攻击

如上所述，网络犯罪和国家间谍活动之间关联紧密。奥巴马执政期间，美国政府的人事管理办公室（Office of Personnel Management，OPM，下文简称"人事办"）也遭遇过一次网络攻击，并且数据不幸流出。联邦政府人事办是政府人力资源行政部门，顾名思义，负责管理曾任和现任政府员工的个人数据存储库。本次案件中，逾2100万份文件被盗，被盗信息除了雇员数据外，还包括联邦政府曾经和现在聘用的承包商数据。无论是对于政府的安全利益，还是对所有受数据盗窃影响的人来说，这无疑都是一场噩梦。对人事办的攻击始于2014年3月甚至更早，但直到2015年4月15日才被发现。这意味着，当美国政府为本国技术先进性和国家安全保障洋洋自得之时，有黑客在很长一段时间里正反复窃取政府数据。事实上，在该事件发生前一年，人事办下属的一个独立机构监察长办公室（Office of the Inspector General）曾发表报告指出，人事办的计算机网络处于严重脆弱状态，易受外部侵入。如今回顾，除去悲剧成分外，这更多令人感到荒诞可笑。

人事办的高层管理人员没有对这一警告给予足够重视并采取适当的应对措施，办公室主任凯瑟琳·阿丘莱塔

（Katherine Archuleta）对此应负主要责任。这不仅是政府内部官僚主义造成的后果，也是管理层在文化认知上与网络现实脱节的体现。当事故责任明确后，这位办公室主任引咎辞职，但损失已然酿成。

最先注意到数据泄露问题的是网络安全工程师布兰登·索尔斯伯里（Brendan Saulsbury）。如《连线》（*Wired*）杂志报道，索尔斯伯里发现，当他应用 SSL 程序（即安全通信端层 Security Secure Sockets，简称 SSL，用于在两个系统终端之间建立一个安全的加密通信通道）时，人事办网络的外发数据被引流到一个名为 opmsecurity.org 的网站。这就产生了严重问题，因为人事办并不拥有这个域名。索尔斯伯里和同团队其他成员展开更深入搜索后发现，信号源来自一个名为 mcutil.dll 的文件。这是计算机安全公司 McAfee 的一个常用文件，但人事办并没有使用 McAfee 产品，因此十分蹊跷。

人事办官员从计算机应急响应小组（Computer Emergency Readiness Team，缩写 CERT，是隶属于美国国土安全部的一个机构）调来资深专家，在办公室的内部初调基础上展开更加深入彻底的调查。响应小组专家团队发现，黑客使用的远程访问工具 PlugX 是一个来自亚洲的恶意软件。总共 10 台人事办的机器上发现有 PlugX 的痕迹，虽说数量不大，但其中一台是中央管理服务器。

关于一些国家对美国政府人事办进行网络攻击的意图和目标，各方讨论至今未息，但该行为可以归类为网络间谍而非网络犯罪。当然，根据美国法律，这可以构成国家安全方面的犯罪。该案例也表明，一些国家正越来越多地通过秘密网络活动来获取信息，从而与其他国家进行竞争。

WannaCry 案

目前看来，网络犯罪活动似乎达到了顶峰。2017 年 5 月，遍布世界各地的电脑屏幕上弹出了"WCry"或"WannaCry"字样（如果加上问号，可以直译为"想哭吗？"）。这是一种通过向 Windows 软件用户发送远程代码所发起的黑客行动。其实，微软对此早有应对。当年 3 月，微软就这一漏洞制作并向用户推送了系统修复补丁（英文为 Patch，即补救措施），封堵漏洞以防止任何安全隐患。但数以万计的用户并没有意识到其重要性，很多人甚至不知道这个补丁的存在，因而没有完成系统修复补丁的自动安装。与此同时，黑客组织已经策划好了一场轰动性行动，该行动的终极手段是勒索软件，组成形态还包括垃圾邮件和网络钓鱼。

让我们倒退一步，了解一些美国国家安全局的官员掌握的鲜为人知的事故始末。黑客首先盗取了一个名为"永恒之蓝"（EternalBlue）的代码，并将其应用到 Windows 系统的漏洞中窃取计算机数据。该代码据信是由一个名为"方程式组织"（Equation Group）的黑客团体所开发。自 2015 年以来，卡巴斯基实验室（Kaspersky Lab）将方程式组织称为美国国家安全局非官方操作部门。卡巴斯基实验室还在一份报告中指出，方程式组织在至少 42 个国家传播了大约 500 个恶意软件，并将该组织描述为世界上最危险、最高效和最精密的间谍组织之一。但就是这样一个高水平间谍组织所开发的"永恒之蓝"代码，被另一个名为"影子掮客"（Shadow Brokers）的黑客组织轻易窃取了。无论如何，事故就是这样发生了。美国国家安全局官员迅速采取应急行动并对此坦白承认，这一态度也实属难得。

WannaCry 开发者的作案计划非常骇人而大胆，是彻头彻尾的犯罪行为。该案造成 153 个国家的 20 多万台电脑受到攻击，受害机构包括英国医疗系统、亚洲多所大学、格鲁吉亚的铁路系统、法国雷诺公司和日本多家制造厂。攻击程序要求受害用户在 3 天期限内支付价值与 300 美元等值的比特币，以释放被加密的文件。如逾期，赎金将翻倍至 600 美元；如拒绝支付，则删除加密文件。

与安泰案、索尼案和美国政府人事办的网络攻击有所不同的是，WannaCry 案的受害用户并没有犯下任何人为错误导致电脑被病毒感染，这也使得 WannaCry 案成为设计最精密、最奇特的网络犯罪之一。此事件中，犯下唯一实质性人为错误的是美国国家安全局专家在案发最初的处理方式不够妥当。他们当时正在研究启动网络攻击的代码，并对新的网络安全形式进行试验，不料被网络犯罪分子窃取。此外，在WannaCry 病毒暴发一周后，美国国家安全局发布第二个警报，承认另一个名为 EsteemAudit 的代码也被窃取，该代码同样能够利用 Windows 系统的漏洞环境。简言之，美国国家安全局的这两个黑客工具或许是一个更为庞大的数字间谍计划的组成部分，却双双落入网络犯罪分子手中。这听起来像是彼得·塞勒斯电影中的奇幻情节，却是我们面临的残酷现实。

WannaCry 恶意软件非常强大，它自带网络扫描器，可以找到相关联的主机并将病毒传播到其他系统。2017 年底，特朗普政府的国家安全顾问汤姆·博瑟特称，美国政府已完成调查，并指控朝鲜为 WannaCry 行动的幕后黑手。

艾可飞案

2017 年 9 月初，美国三大公民信贷机构之一的艾可飞（Equifax）披露，黑客在当年早些时候入侵其计算机系统。这意味着不仅客户的驾驶执照或社会保险号码等个人数据可能被窃取，多达 1.43 亿美国消费者的财务和财产机密信息也可能遭泄露。艾可飞还在美国以外的 24 个国家开展业务。初步调查显示，该机构的信息安全系统隐患出现在 5 月至 7 月间，由一个软件漏洞造成。对于为什么延迟了 6 个多星期才公开宣布其数据库遭入侵一事，艾可飞并未做解释。但可以确定的是，在沉默期间，该公司首席财务官约翰·甘布尔（John Gamble）抛出了约 180 万美元的公司股票，大概是断定一旦遭网络攻击的消息被公开，公司市值将一落千丈；其间，其他几位高管也同样出售了大量艾可飞股票。这无疑让民众更加质疑管理层延迟宣布的动机，然而后续调查结果显示，并不存在明显的股票操纵成分。

有指责称，艾可飞在对客户信息保密至关重要的网络安全方面没有采取足够有力的保障措施。2017 年 9 月，多家纸媒报道揭露，艾可飞的账户密码是根据建立信用冻结的日期和时间而设置，这使得密码极易遭破解。对此，艾可飞发言人回应称没有出现密码被破解的情况，但他没有提供任何实证。

该公司宣布，已委托外部专家小组对攻击原因展开调查，并且正如外界预想的那样，公司发表的道歉声明不痛不痒。作为补偿，艾可飞在其官网宣布向客户提供为期一年的免费信用保护服务。这一赔偿在很多人看来毫无诚意，甚至认为这是对用户的侮辱，因为被盗的用户个人数据可能继续被黑客使用或出售多年，凭借泄露的信息，黑客可在其他信贷机构和服务提供商处创建虚假身份。

来自弗吉尼亚州的民主党人、参议院网络安全核心小组的联合创始人马克·华纳参议员表示，艾可飞的敏感数据泄露事件对美国民众的经济安全构成威胁。无论实施网络攻击者究竟是何身份，这一网络攻击在造成大量数据泄漏的同时，也引发了用户对国家安全问题的关切。面对这场大规模机密信息泄露，公司内部对此事故负责的高管和相关人员慌了手脚，信息技术和网络安全部门的负责人被迫离职。自 2005 年以来一直主管公司的董事长兼首席执行官理查德·史密斯接受提前退休，他显然对未能实施充分安全措施负主要责任。董事会对他的处理是向其支付了 1800 万美元遣散费，以及总额或高达 9000 万美元的其他福利。史密斯的离职并没有使公司免于多项联合调查，其中一项便是针对艾可飞高管集体出售股票的时间节点，相关诉讼也在 2017 年最后几个月相继立案。此外，鉴于该案件中数字信息窃取的规模和牵涉到国家利益的损害，史密斯的离职也没能保护他或公司免受美国国会审查。2017 年 10 月，已经从董事长职位离任的史密斯现身于美国众议院能源和商业委员会面前。这位前任巨富高层在正式发言中向委员会成员反复致歉，并企图在描述该事件时将其严重性降到最低。在被要求说明公司将如何赔偿那些个人机密信息遭泄漏的数百万客户时，史密斯表现得非常勉强。此外，史密斯还极力声称，数据泄露是由个别员工的失职造成的。事实上，早在事发前几个月，也就是 2017 年 3 月，美国国土安全部就曾警告艾可飞，该公司用于客户索赔的网上平台软件存在系统漏洞。但在史密斯的说辞中，数据被窃全因一名负责网络安全的员工没有按规定进行充分调查所导致。关于艾可飞的信息泄露丑闻，众议院共和党议员格雷格·瓦尔登（Greg Walden）评论称，国会不能制定一项"反对愚蠢"的法律，是为憾事。

习得的教训

从安泰、索尼、美国政府人事办和艾可飞案件中吸取的教训并不难接纳。这几家机构在保障信息安全三要素方面还有很长的路要走，这些案件中暴露的众多问题都反映了网络安全的不良实践所持续造成的漏洞，一旦被黑客发现就能轻易被利用。人为错误加之各组织层面对网络安全基本实践的漠不关心，导致了业务中断并严重损害机构利益。

首要教训是，企业员工和承包商需要在基本网络安全实践方面获得更完善的培训。黑客在策划网络入侵之前会事先进行调查，检测出目标系统内可提取敏感数据的漏洞。但显然，这类针对企业内部全体网络用户实施的强化培训本身不能完全保证网络安全的有效性。为了真正抗衡由攻击国、团体和个人罪犯所构成的庞大而贪婪的黑客群体，有必要在政府和私营部门中展开结构层面和文化层面的深层次变革。

目前，大多数公司有一个信息技术部门（Information Technology，缩写 IT），通常由初级员工组成，可能还设有一名首席信息官（Chief Information Officer，缩写 CIO）或首席安全官（Chief Security Officer，缩写 CSO）。然而，许多普通员工在实行有效的信息技术安全实践和政策方面经验有限，因为很多人直到现在都未对此给予足够重视，只将其视为畅通内部沟通和辅助营销的工具。尤其在私营企业部门内部，首席运营官（COO）和首席执行官（CEO）并不拥有足够权力来开展加强公司网络安全方面的培训课程。公司的驱动力和核心是营销，销售经理通常比安全经理更有话语权，以至于后者缺乏可支配的人力和财力来做好工作。最后，另一个事实情况是，许多 CIO 或 CSO，虽然在理论上接受过网络安全的良好教育，但缺乏实战和培训经验，导致在应对精心设计的网络攻击时没有能力制订出完善的复原计划。

在这些方面进行干预需要投入大量时间精力和高额投资，而且乍一看似乎回报寥寥，因为这没有带来任何额外收益，只是避免了潜在损失。然而，企业高层管理人员应该考虑到，一旦公司成为网络攻击的受害者，所引发的后续成本该有多昂贵。保障网络安全对社会和个人都具有价值。在当今世界，网络安全和财产安全是一个硬币的两面，保障网络安全和财产安全也许是所有专业安全人员和管理者应当具备的心态。对于C-suite级别的高层（指CEO和COO级别的公司管理层），他们必须对网络安全真正具有兴趣，愿意投入足量资源。但不幸的是，一些公司选择了一条不同的道路来处理这类问题，宁愿把资源投在提高营销能力和效率上，低估了数据保护的价值。

诚然，任何组织和企业都不可能百分百确保自己可免遭网络攻击。但手边有一个应对攻击的"备用计划"能最大限度地降低损害，并有可能迅速恢复正常运作，这对政府公共部门和国家安全部门而言，尤为重要。

优步档案

2016年11月，知名交通网络公司优步（Uber）的安全主管乔·沙利文（Joe Sullivan）打开一封电子邮件，内容称公司的计算机系统遭到黑客入侵，并要求支付10万美元赎金以恢复正常运作。这是典型的勒索软件案例，但沙利文和优步管理层没有向当局上报这一勒索行为，并决定不对外宣布公司5700万名用户的个人数据被盗的事实。但由于赎金支付这一条目不能体现在公司预算账目上，他们想到了设立"漏洞赏金"（bug bounty）计划。一些公司采用这种做法来对其信息系统的安全性进行测试。依靠这个良方，几乎所有项目可以光明正大地公开进行。这个方法在硅谷很盛行，以至于有一本网络书籍就叫《漏洞赏金指导手册》（*Bug Bounty Field Manual*）。于是优步准备了10万美元的"漏洞赏金"，把这笔钱打给了敲诈勒索的黑客，并且双方签署了保密协议。就这样，这个事故得以了结，且双方满意：黑客获得了不义之财，而优步则挽救了声誉。

一切安然无恙？并非如此。一年后，一些来自优步员工的匿名证词让这个故事最终被发表在彭博社和《纽约时报》的报道里。2017年11月，离最初的勒索邮件时隔一年后，公众才意识到优步将多达5700万名客户的私人信息置于危险之中，沙利文也因此丢了饭碗。当时的优步正面临一些关于运作模式的批评，还在解决司机涉嫌袭击乘客的丑闻，这无疑是雪上加霜。优步对于客户隐私泄露的信息选择隐瞒，在曝光后不得不接受调查。这对公司形象和信誉无疑产生了巨大损害。

值得注意的是，实施"漏洞赏金"计划可以有效加强公司的信息安全防护，前提是以正确的方式实施，而非用于掩盖已造成的损害。但无论是政府机构还是私营企业，无论组织规模如何，单靠提供"漏洞赏金"的方式不能确保公司系统彻底无虞。

寻找资源

学术界在网络安全领域也发挥着重要作用。近年来，该学科为本科生和 MBA（工商管理硕士）研究生开设的课程数量迅速增加，并且涉及网络安全的各个方面，这并非巧合。比如，工程系开设的信息技术专业课程的内容设置得到了调整，使学生对计算机问题获得了全新的视野。成效或许要等好几年才能显现，但未尝不是一次尝试，引导学生对"网络安全意识"这一文化现象的发展进行反思和重新认识，这种思考和认知能力可能在将来体现在新一代领导者和管理层的身上，能够从学术层面考虑网络安全实践的不可或缺性。

2017 年 8 月特朗普就国家安全局在网络安全上发挥的作用发表讲话，从中可以观察到这一思维方式的转变。特朗普当时宣布，美国网络司令部将加强行动，并取得更多自主权。事实上，美国国家安全局已经承担着国家安全任务和网络安全任务"双重帽子"。通过这次讲话，特朗普希望得到国会的大力支持，加强该届政府打击网络威胁的信念。但在我们看来，要想指望新的网络司令部成为一剂灵丹妙药、制定出有效抵御网络攻击的战略规划，似乎不太现实。美国官僚主义制度下冗长繁复的手续流程也无疑将阻碍这一新组织的全面运作。网络司令部与联邦调查局以及其他负责信息安全的机构将形成怎样的联动模式，目前尚不明确。美国国土安全部（2002 年成立，多年后仍饱受内部竞争和功能障碍制约）和能源部（2000 年由国家核安全管理局建立，在连续几届失败的领导层管理下无法得到顺利发展）的早先经验也并不成功。而 WannaCry 攻击就是针对国家安全局开展的数据盗窃。新的网络司令部能否保证类似事故不再重新上演？或者说，即便无法解决根本问题，能否至少保证网络攻击不成为隐患？

但毋庸置疑的是，美国和西方民主国家必须为网络安全工作投入更多资源，无论是公共机构还是私营部门。白宫信息技术协调员罗布·乔伊斯（Rob Joyce）于 2017 年 8 月表示，未来几年国家预计将新增 30 万名技术人员，遴选自全国各地越来越多的受训者。但众多分析家认为，这个数字目标难以轻易或迅速达到，因为人员需求尚未与足够经济供应相匹配：简言之，与市场营销或其他业务领域相比，公民还没有足够意愿为这些技术人员买单。但仍有一些积极的迹象表明，在不久的将来，政府，甚至一些企业愿意将其大量网络信息技术人员引入劳动力市场，以处理持续出现的安全问题。决策者的目光绝不能只顾眼前，而必须触及未来。同时，也应当引起中小型企业以及公共机构的普遍关注，否则这个问题完全无法得到改善。

对标准的探索

标准问题并不局限于美国或任何单一国家，无论该国国力如何强大。标准的制定影响着世界上所有国家。国际网络行为标准的谈判和实施过程急需世界各国投入，而这并非易事。除其他因素外，接受和保护黑客的国家阻碍了联合国内部行使所有权力，甚至阻碍了制定关于如何处理网络安全问题的指导意见的所有真正尝试。

联合国在 2017 年 7 月发表了一份国际电信联盟的工作报告，体现了联合国对网络威胁的重视。该报告显示，全世界只有一半的国家开始实施或正在制定网络安全相关协议。这些国家中，38% 的国家正在实施过程中，另 12% 的国家已经起步制定。一位联合国高级官员表示，网络安全是一个生态系统，在此生态系统内必须对包括法律、组织、部门合作和技术实施等所有战略要素加以协调。我们无法从国家公布的报告中了解该国计划的具体建立模式，以及是否有足够资源和专业知识来实施这些计划，因此更有必要深入调查相关国家的信息技术问题的应对方式。根据联合国报告，在提高网络安全能力方面投入最大的国家依次是：新加坡、美国（鉴于本章案例所体现的美国网络安全脆弱性，该排名意外之高）、马来西亚、阿曼、爱沙尼亚、毛里求斯、澳大利亚、格鲁吉亚、法国和加拿大。俄罗斯在大力提高网络效率和防御能力方面排名第 11 位，这或许是因为克里姆林宫担心其网络间谍活动会遭以牙还牙的报复。联合国报告强调全球网络安全存在明显弱点，应当进一步推动相关国家展开国际网络行为标准化工作。2017 年 WannaCry 恶意软件攻击牵连多达 153个国家，清楚地表明了实现国际网络行为标准化的必要性。

隐私侵犯

　　网络犯罪活动不仅影响公共设施和私营公司，公民个人也面临日益增多的网络欺诈和盗窃行为。例如在美国，黑客采取的策略是打电话给电信公司，要求后者将受害者的私人号码转移到黑客控制的新设备上，由此，以该电话号码作为安全备份的网络账户的密码都会相应被重置，包括谷歌、推特、脸书等网站。联邦贸易委员会（Federal Trade Commission）报告显示，电话劫持的犯案率在近年来提高了一倍以上。将虚拟货币用于个人使用和投资的用户，是黑客实施此类尝试性盗窃行为的主要目标群体。

　　一些评论家指出，在未来一段时间内黑客很可能继续保持相对于受害者的优势地位，因为他们的活动具有高度隐蔽性，并且正采用日益复杂的技术系统来进一步为实施网络攻击活动提供支持。但在惨淡的现实中，仍不失一些值得我们适度乐观的因素。比如在未来五年内将有望开发出新技术，以确保网络系统在遭网络攻击后继续正常运行，这并非是遥不可及的未来。美国在该领域具备丰富的专业技术知识，硅谷和各个研究中心正在致力于为网络犯罪问题提供解决方案，削弱犯罪攻击的有效性。

用户缺乏足够的计算机安全意识会为黑客入侵提供极大便利，对此我们已有了解，且将在第九章进行深入讨论。但在网络系统硬、软件的原始缺陷问题上，用户承担零责任，甚至连制造商都对此不甚了解。2018 年 1 月，《华盛顿邮报》（*Washington Post*）发表了一系列探讨技术漏洞的文章，并对技术行业进行了惊人披露。文章称，几乎所有用于支持电脑和智能手机运转的微芯片多年来一直存在基本漏洞，易被黑客利用且无法完全修复。

这些漏洞分别被称为 Meltdown 和 Spectre[1]，虽然没有证据表明这些漏洞已经被黑客利用，但专家们一致认为，利用这些漏洞轻而易举，因此即便被利用了也毫不意外。通过这些漏洞，黑客能轻松获取电脑或智能手机持有人的个人信息，

1　直译为"崩溃"和"幽灵"。——译者注

包括密码、信用卡号码和所输入数据。据专家称，Meltdown漏洞主要出现在英特尔芯片中，可通过修补程序进行部分修复。由于黑客没有留下使用痕迹，因此漏洞利用的情况难以被察觉。对于影响 AMD（Advanced Micro Devices，美国超威半导体公司）处理器、ARM（Advanced RISC Machine，英国安谋国际科技公司）处理器以及英特尔芯片的 Spectre 而言，补丁应用会更加困难。

美国国家安全局、中央情报局和联邦调查局对该类问题非常了解，正是这些机构的研究人员最早发现了技术工具和软件中存在的构造和生产缺陷，但是否将此事告知制造商存在一些复杂因素：照理来说，当局应向制造商和销售商发出警示；但从职业间谍角度来看，掌握该信息意味着当局具有相对优势，他们也不希望轻易放弃该优势。正因如此，一个专门委员会，即权益审查委员会（Equities Review Board, 缩写 ERB）成立了，由美国国家安全局前执行官、白宫计算机安全协调员罗布·乔伊斯监督。其主要职责在于评估哪些漏洞需要向制造商报告，哪些漏洞需要保密。根据白宫在 2017 年底发布的一份文件，美国政府将使用漏洞公平裁决程序（Vulnerabilities Equities Process，缩写 VEP）在为用户带来可靠技术的市场需求与国家安全和执法利益需要这二者之间寻求平衡。VEP 的运作由来自中央情报局、联邦调查局、国家安全局和联邦政府代表所组成的评估委员会进行维持，每月举行例会，定期裁决在现有技术和创新技术产品上发现的任何新漏洞。外界对 VEP 的批评声不绝于耳，一部分在于其运作模式的不透明，另一部分在于该委员会宣布计划将投入市场的产品，这些产品为盗版和秘密机构侵犯公民隐私提供了可乘之机。简而言之，本案例集中了本书所涉及的主要问题。技术发展是否会侵犯各种形式的隐私？据批评者称，该计划的设立公然表明，美国政府不想做出任何努力来保护公民隐私。

隐私经常遭到侵犯。

阿什利·麦迪逊丑闻

个人数据被盗案例不胜枚举，背后动机各有不同，所揭露的现象也非完全是真相，导致我们身处的网络迷宫愈加复杂，前路也更暗淡无光。想要真正理解网络威胁可能发生在每个人身上，就不得不提轰动全球的阿什利·麦迪逊（Ashley Madison）丑闻。人们倾向于认为，阿什利·麦迪逊作为一个婚外情网站，是导致该事件产生巨大社会反响的主要成因。这或许的确是一定因素，但泄露用户隐私，并对用户产生巨大伤害的事件，绝非只发生在此类网站而已。即便是政党、工会组织甚至社会文化协会的网站会员，他们的个人信息一旦向公众泄露，也会产生不良或尴尬的效应。例如，一名职工在一家跨国烟草公司工作，但在私人生活中他强烈反对吸烟，积极参与推崇身体健康的活动。这种情况下，私人信息的泄漏也可能会对他的职业发展产生不利影响，或为居心叵测之人利用。

让我们对本案例进行简单梳理。2015 年 7 月，一群自称"冲击团队"的黑客放出消息称，他们窃取了大约 3700 万名在阿什利·麦迪逊网站上注册的会员姓名信息。最初，只有一部分数据被公开在暗网上，但在该网站拒绝关停后，它的 3700 万用户姓名于当年 8 月被公开。此事一出，全球哗然。这一行径严重侵犯了阿什利麦迪逊网站遍布全球的用户隐私。比如在意大利阿斯科利皮切诺市（Ascoli Piceno）的居民中，有多达 1500 人曾在该网站注册，但其中有些用户可能仅仅是注册而已，后续并没有和任何人进行实质约会。我们对此无从考证，但这部分用户的信息遭到泄露，对他们也产生了同样严重的影响。

有一部分受害者走向自杀，这为该事件更增添了一抹悲戚色彩。虽然我们无法确定具体自杀人数，但可以肯定的是，该网站所拥有的几千万名用户中，大部分为男性。他们想必经历了人生中无比晦暗的时光，今时今日或许仍在付出代价。这些婚外恋者游离于主流社会和普通人生活轨迹之外，这也使不少纸媒和网络出版物产生了病态的窥视欲，进一步挖掘受害者对性和情感的深层需求，这种行为将被曝光的当事人最后的隐私也剥夺得一分不剩。该事件还引来了鸡鸣狗盗之徒的关注，他们根据暗网公开的名单对当事人反复实施勒索，此现象在加拿大和美国尤为猖獗。

该丑闻曝光后，阿什利媒体（Ashley Media）的加拿大母公司 Avid Life Media 决定对公司进行改名，并以 1000 多万美元平息了一项针对公司的集体诉讼。对于作案动机，黑客给出的说法是为了阻止这一不道德服务的存在，但其真实动机迄今不明。有一种猜测是为了制造不公平的商业竞争。在丑闻发生后，人们发现网站上大量女性用户是假账户，这无疑降低了阿什利·麦迪逊对于潜在用户的吸引力。

此次网络攻击的肇事者和作案动机或将永远不为人所知。如前所述，你以为的真相或许远非真相。诚然，不排除黑客已经从名单中删除了名人的姓名，转向私下渠道进行敲诈；也不排除有一些黑客虽然并没有参与到 Avid Life Media 网络攻击中，但由于其在其他案件中也对潜在用户进行过类似敲诈，而被世人看作一丘之貉。这起网络犯罪案件颇具代表性，涉及不同层次的黑客，他们藏匿于网络空间的重重迷雾中，蓄势待发。

第五章 | 网络间谍 Q

正如引言中所说，我们认识到间谍活动一直存在于人类社会中。事实上，不仅仅是人类，许多动物也会进行间谍活动，它包括一个主体对另一个主体进行观察以获得相对优势。经过上千年的发展，它在人类社会中已演变为一种正式职业，甚至是一门艺术。数字时代的间谍活动基于两个主轴而展开，分别持有不同目标：第一类间谍活动的主要目标是反间谍，即开展自我防御和保护机密信息；第二类间谍活动则具有攻击性，这是纯粹意义上的间谍活动，其目的是窃取对方国家的情报信息或破坏其情报收集和业务系统。几乎世界上所有国家都建立了网络刺探或网络间谍机构。其中，投资最大的国家为美国，它在该领域投入数十亿美元。在它的一众盟友国中，英国居于首位，投入大量精力培养了成千上万的专业操作人员。

斯诺登案

独裁政权并非互联网隐私侵权和信息操纵的唯一源头。即便是在人民享有高度网络自由的西方国家，政府看似并没有监测人民的网络活动，但事实并非如此。无论是一个国家的执政党还是反对派，都会试图利用互联网和社交网络来影响公众舆论，通过网络活动来扩大其政治影响力。

欧洲国家固然有不少因网络间谍而引发的问题需要解决，美国不幸首当其冲。其实，美国宪法中设立了不少条款来保护公民隐私安全，使其免遭当局的无端监视。但开国先父们在制定宪法之时，怎能预见到事态会发展到今天这样的局面？如今，美国政府能以国家安全的名义对美国公民展开大规模监视活动。这是 18 世纪的人无法想象的现实。

近年来最引人注目的网络间谍案与一个名字密切相关：爱德华·约瑟夫·斯诺登（Edward Joseph Snowden）。由于他公开揭露了美国政府系统性地侵犯美国公民隐私的事实，使网络间谍的话题一时间成为世界媒体关注的焦点。很多美国人视其为叛徒，但也有很多人认为他是维护权利的英雄。正是这样一个颇具争议的人物，引发了一个令人难以置信的、在很多方面耐人寻味的故事，值得在此一提。斯诺登一直坚称，他所从事的间谍活动和泄露美国计划的机密信息等行为固然不义，但美国政府对公民权利的严重侵犯更是真正罪大恶极。

让我们从头开始讲述这个故事。斯诺登最初为美国中央情报局职员，后来进入博思艾伦（Booz Allen）咨询公司并与国家安全局进行合作。根据斯诺登的过往档案记录来看，他在校时资质平平，但一心想进入政府服务部门工作，这一点似乎与他保守的政治观相契合。他的同事透露，他在办公室里还放着一份美国宪法的副本。斯诺登自愿参加了伊拉克战争，但据他本人所述，他在佐治亚州本宁堡（Fort Benning）参加军事训练时发生了一场事故，致使他最终无法前往伊拉克。这个版本的故事体现在奥利弗·斯通导演的《斯诺登》电影中，但关于此事还有其他不同的说法：有人称他因纪律问题被开除军籍，也有人提及身体健康原因，但都没有谈到和任何事故有关。斯诺登在军事生涯告终之后，继续在政府组织范围内求职，并最终在中情局日内瓦办事处获得了一份工作。在工作中，他逐渐了解到，美国政府在采取各种手段窃取和使用非美国籍公民的私人信息数据。在换了几份工作、获得一定工作经验后，凭借高于平均水平的计算机处理能力，他得以一路高升，最终在国家安全局夏威夷瓦胡岛办事处谋得一个不错的职位。

那时的斯诺登有着一份年薪 20 万美元的工作，与女友林赛·米尔斯（Lindsay Mills）同居，没有任何迹象表明他将做出惊人举动。在位于夏威夷的美国国家安全局情报所中，斯诺登担任了"系统管理员"的工作，这使他几乎有权限知晓美国国家安全局所有最黑暗的秘密。身处这个高度敏感的职位，斯诺登有权访问该机构所有文件并且不留任何痕迹，由此成为国家安全局所谓的"幽灵用户"。正是从那时起，斯诺登产生了一个念头，决定开始收集未经授权的窃听计划的机密信息。他所收集的数据中有一大部分涉及美国公民间的私人谈话，正是这些涉及个人隐私的数据最终促使他将这些内容公之于众。

斯诺登向英国《卫报》记者格伦·格林沃尔德（Glenn Greenwald）和纪录片导演劳拉·波伊特拉斯（Laura Poitras）透露，美国国家安全局正在开展一个名为"棱镜计划"（PRISM）的监听项目，这不仅是一个数字监控系统，还能对互联网进行深入分析。他还透露，美国国家安全局已经获得美国法院授权，有权要求移动网络供应商 Verizon 提供用户的电话记录。斯诺登还记录下国家安全局通过采取各种行动，获取了共 9 家网络运营商的数据访问权限，由此掌握了数百万条私人信息。这 9 家网络运营商包括谷歌、雅虎、脸书，以及与微软和苹果相关的网络运营商。此外，国家安全局还运行着一个名为"碟火"（Dishfire）的数据收集系统，每年能收集储存 2 亿多条短信。

根据斯诺登的叙述，美国国家安全局同时也在全球范围内开展监控活动。监控对象不仅有美国的对手国，甚至还有其盟国。通过斯诺登的证词和证据可见，美国国家安全局在意大利、法国、德国等盟国实施长期监控和网络间谍活动，涉及多达 35 位世界领导人，包括默克尔，以及巴西和印度领导人。甚至连欧盟设立于布鲁塞尔、华盛顿和纽约的办事处也未能幸免。不少人称，这绝非善待盟国之道。

但是，美国国家安全局并非唯一一个通过互联网广泛收集信息的国家安全机关。斯诺登也了解，英国政府通信总部长期以来也在世界范围内积极开展网络监控计划。英国政府通信总部采用代号为"时光计划"（Tempora）的大规模监控系统，通过存储和分析经长途光纤传输的互联网通信信息进行监控，该计划总共监听电话多达 6 亿次。在英语圈国家成立的"五眼"（Five Eyes）情报联盟下，英国政府通信总部将"时光计划"所收集的情报与美国国家安全局共享，斯诺登也由此对英国的监听行动有所了解。除了美英两国外，"五眼"情报联盟成员国还包括加拿大、新西兰和澳大利亚。值得注意的是，"五眼"国家之间存在非常密切的合作，并且延续至今。合作内容包括分享地理情报（即卫星图像）、信号情报（即电子信号）以及人力情报（即人力资源）所收集的数据。

"棱镜计划"由于其目的和本质的特殊性，一经披露，就引发了关于数字时代隐私权问题的一系列探讨。全世界舆论提出质问：我们的个人隐私安全能否在未来得到保障？斯诺登在多个场合强调，他之所以决定揭露美国国家安全局和英国政府通信总部的监控活动，是为了确保美国及世界各地的公民个人隐私都能重新得到维护。他深知自己的行为违反了一系列战略信息保密的法律条文，并且面临危害美国国家安全的指控，但在他看来，他所揭露的真相或将对公众利益甚至众多人的生命安全产生重大影响。于是为了说出真相，斯诺登以健康为由离开美国，飞赴香港与《卫报》记者约见。若没有斯诺登的坦诚相告，这一案件或将永不见天日。根据斯诺登本人的叙述，格林沃尔德写下《无处可藏》（*No Place to Hide*）一书（意大利版书名为《控制之下：爱德华·斯诺登及大规模监控》）。斯诺登不敢在香港逗留过久，他被深深的恐惧所笼罩，担心自己会被美国中央情报局特别行动小组追捕，但他似乎杞人忧天了。事实证明，中情局对该案的行动非常迟缓，这也颇具讽刺意味。

2013 年 6 月 23 日，斯诺登离开香港，秘密抵达俄罗斯寻求政治庇护。斯诺登遵循俄罗斯政府的既定流程，在办理了相应的行政手续后获得了 2020 年到期的俄联邦居留许可证。同样颇具讽刺意味的是，俄罗斯绝非以尊重公民隐私权而闻名，但隐私权恰恰是斯诺登案件引发全球媒体关注的关键。这一讽刺的矛盾点也彰显了地缘政治的残酷。

美国对俄做法表示坚决反对。在此之前，两国关系已经被刻下互不信任的烙印，这种不信任在巴拉克·奥巴马和弗拉基米尔·普京执政期间尤为明显。几乎可以断定的是，通过向斯诺登提供庇护，普京甚至获得了一种私欲得到满足的快感。斯诺登公开揭露"棱镜计划"，不仅深刻打击了美国的间谍系统，还使其国际形象严重受损。斯诺登一直声称从未向俄罗斯提供过任何相关机密材料，但几年后出现了新的说辞，斯诺登案再次引发公众关注。2016年6月，俄罗斯议会国防和安全委员会副主席公开声称"斯诺登曾分享情报信息"。斯诺登究竟有没有向俄罗斯分享过情报？个中真相，或许将永远不为人知。

至今，仍然有很多人将斯诺登视作叛徒，认为他是对美国安全构成威胁的国家公敌，与"基地"组织领导人无异，应当将其抓捕并对其起诉，甚至处决。但也有很多人认为，斯诺登是一名真正的英雄，是这个时代始终恪守正义信条的高贵勇士。他的确是一名勇者，不顾险恶，打开装满邪恶的潘多拉魔盒，只为实现自由、正义和公开的伟大理想。

2016年9月，美国众议院常设情报委员会（House Permanent Select Committee on Intelligence，简称 HPSCI）经历多年调查后，公布了一份《损害评估报告》，对斯诺登案件造成的损害进行官方说明。该报告详细分析了在斯诺登披露"棱镜计划"后所引发的信息安全漏洞。报告称斯诺登窃取了 150 万份机密文件，并很有可能通过 U 盘从美国国家安全局的秘密档案中传输数据。该报告最后得出结论，斯诺登的披露行为严重损害美国国家利益，还造成了无法挽回的损失，比如许多正在开展的行动计划的情报和数据遭到泄露，驻扎在世界各地的美国士兵的生命安全遭到威胁。

2016 年，据《纽约时报》报道，美国众议院常设情报委员会一致同意签署公开信，要求时任总统奥巴马不要赦免斯诺登。该委员会编制了一份 38 页的报告，详细说明对斯诺登的调查及其行为造成的影响。这封信的全文在当时没有公开（现可公开查阅），只公开了 3 页的总结摘要，其中，斯诺登被描述成一名危险且不可靠的人物，说谎成性，在很多方面具有夸大其词的倾向，善于捏造故事。

斯诺登对此一再发表声明，并且也得到了一些知识分子的支持。但部分美国公众仍然坚信，斯诺登的披露行为非但不是为了维护美国公民隐私，还对美国情报机构造成了非常严重的损害，并将他与美国中情局的阿尔德里奇·艾姆斯[1]（Aldrich Ames）、罗伯特·汉森[2]（Robert Hanssen）等臭名昭著的历史人物相提并论。对于斯诺登究竟是国家叛徒还是国际英雄这个问题，暂且不予评论，但无论如何，他的故事已经在历史上留下了浓墨重彩的一笔。他推开了网络安全世界

1　因先后为苏联和俄罗斯从事间谍活动而于 1994 年遭起诉和逮捕。

2　美国联邦调查局的双重间谍，同样先后为苏联、俄罗斯从事间谍活动。

的大门，并引发了一场关于安全和网络间谍及反间谍问题的辩论，尤其关于民主政府在进行国民监控时应设立怎样的界限，这些议题的讨论愈演愈烈。

其他间谍案件

斯诺登案并不是唯一涉及美国政府网络机密被盗的案件，相关事件还有很多，其中值得一提的有切尔西·曼宁案。该事件吸引了世界媒体的关注。据悉，布拉德利·曼宁[1]（Bradley Manning）向维基解密（WikiLeaks）提供了大量美军机密文件，涉及美国在伊拉克和阿富汗的军事行动及所犯的战争罪行。曼宁被军事法庭判处 35 年监禁。然而，曼宁在拘留审查期间的种种遭遇以及她公开的美军图像证据引发了公愤，外界由此建立起支持曼宁的统一阵线。曼宁甚至一度被推举为诺贝尔和平奖候选人。2017 年 1 月 17 日，时任美国总统奥巴马特赦减刑，之后曼宁获释出狱。

此外，还有哈罗德·托马斯·马丁三世（Harold T. Martin III）案。马丁和斯诺登一样，是美国国家安全局承包商博思艾伦咨询公司的前雇员。2016 年 8 月，他在一项美国国家安全局内鬼

1　变性后改名为切尔西（Chelsea）。

调查中被指控向维基解密提供了大量秘密文件。马丁面临 20 项联邦指控，每项指控都会被判处 10 年监禁。根据检方起诉书，马丁有计划地从位于马里兰州米德堡的国家安全局总部办公室非法携带机密文件回家，如此长达数年。检方还称，马丁窃取了国家安全局、中央情报局和美国网络司令部有关军事目标和反恐行动的入侵技术信息。然而，关于马丁是否计划公开全部或部分赃物或将其交给第三方组织，目前尚不明确。

随着数据被盗、公民隐私侵犯等事件频发，包括英国在内的一些国家已经对个人数据保护的相关立法进行了大幅修改。2017 年底，美国国会就此进行深入讨论，并在 2018 年初修改和再签署《涉外情报监视法》（*Foreign Intelligence Surveillance Act*，简称 FISA）第 702 条，也就是最早在 2008 年颁布的反恐法律。该条款授权美国国家安全局在无须获得法院授权的情况下，即可监控境外的外籍人士，包括私人电脑信息和电话通信。两位参议员罗恩·怀登（Ron Wyden）和兰德·保罗（Rand Paul）对该法律提出批评：为了截取恐怖分子间通信和防范新的袭击，数百万毫无戒心的无辜美国民众的电话通信将被监听，并且私人信息将被收集在该监听计划框架内。美国社会关于第 702 条的讨论一如既往地出现了两个对立派别：一派认为美国人应当为保障集体安全而牺牲个人隐私，另一派则与斯诺登一样坚信对公民隐私的侵犯有损美国形象。

同时，也有越来越多的证据表明其他国家在使用网络间谍技术。据《华盛顿邮报》报道，韩国议员李哲熙在 2017 年称，朝鲜黑客窃取了美国和韩国的机密文件，其中包括在战争中斩首或消灭朝鲜最高领导人的计划。正如我们所知，朝鲜战争从未正式结束，只在 1953 年签署了停战协议。近几十年来关于核武器的紧张局势有一部分便是由此产生的。李哲熙指出，被盗文件中包括《作战计划 5015》(Oplan 5015)，这是韩国和美国共同对朝鲜展开大规模战争的军事计划，其中包括著名的领导层斩首计划。相比之下，《作战计划 3100》(Oplan 3100)的重点放在应对朝鲜突击队可能发起的攻击而进行的防御上。美国国防部发言人没有对《华盛顿邮报》文章的真实性发表评论，但在此之前，关于韩国军事设施成为众多网络攻击目标的传言已经流传数月。

与此同时，朝鲜在网络间谍方面加大资源投入，尤其是加强朝鲜侦察总局的作用。这也从侧面印证了美韩作战计划的咄咄逼人。

本书中我们对于美国相关的情况做了大量介绍，但这并不是因为作者的国籍和地缘政治的真实现状。正如本书所述，美国作为世界上最重要的经济、军事和技术强国之一，通过各种形式参与了大量网络间谍活动，这也引发了其盟友和主要竞争对手加快间谍机构的建设。

卡巴斯基实验室

在揭露朝鲜网络间谍活动的同时，西方媒体还在 2017 年发现，自 2014 年以来俄罗斯对美国发动了一系列黑客攻击。最早是以色列情报部门向美国情报部门发出警告，要求美国情报部门对俄罗斯黑客行动予以关注。以色列早先就得知，俄罗斯黑客通过使用卡巴斯基实验室的杀毒软件（该软件曾被认定为安全可靠、不受俄罗斯政府影响），已经非法潜入美国国家安全局的部分受保护系统。关于事件发生的原因，经调查后被普遍接受的说法是，这是国家安全局一名接入技术行动处（The Office of Tailored Access Operations，简称 TAO）员工的无心之失，才使得俄罗斯黑客有机可乘。事件的大致经过是，这名数据分析师将一些文件从国家安全局办公室带回家继续处理，并将文件传输到了装有卡巴斯基杀毒软件的私人电脑上。虽然具体技术细节无从知晓，但作为一名国家安全局的调查人员，将数据文件随意带回家的轻率行为一定违反了相关安全条例，由此造成了安全漏洞。卡巴斯基实验室不仅否认知晓任何政府试图利用该软件开展间谍活动，并且质疑黑客通过该公司杀毒软件发动攻击的真实性。

为了更清楚地了解事件全貌，有必要对卡巴斯基实验室做一番介绍。1997 年，俄罗斯计算机科学家叶夫根尼·卡巴斯基（Evgenij Kaspersky）创办了卡巴斯基实验室，专门从事计算机安全和杀毒软件的研发和销售。卡巴斯基在其职业生涯早期曾为俄罗斯国防部工作，对克里姆林宫的网络能力甚为了解。而自卡巴斯基案件揭露以来，他的这段历史招致诸多猜疑。在那之前，卡巴斯基实验室仍受到美国政府机构的信任，其安全软件产品在全球范围内销售，用户数量逾 4 亿。尽管卡巴斯基始终否认对美国国家安全局的网络攻击，但美国国土安全部仍于 2017 年 9 月 13 日下令禁止卡巴斯基实验室的产品进入美国所有政府机构。一些分析人士指出，无论卡巴斯基实验室的杀毒软件是否被用以窃取美国国家安全局的机密文件，该公司的员工很可能已被以色列和俄罗斯情报部门的特工渗透了。

2018 年初，美国科技巨头 AT&T 宣布退出面向美国消费者销售一款中国华为手机的协议。华为由工程师任正非于 1987 年创立。AT&T 所退出的协议涉及新上市的华为 Mate 10 智能手机，它配有先进屏幕、特殊的人工智能。在 AT&T 中断合作后，华为理论上仍然能在美国境内继续销售，但如果无法依托 AT&T 及其他主流移动运营商（如 Verizon 或 T-Mobile）的销售网络，其销量必然大幅降低。

虽然 AT&T 没有对退出协议的具体原因做出说明，但分析人士猜测，该决定源于美国政府的施压，背后原因在于美国频发的网络攻击。华为建立了全球销售网络，向包括伊朗、朝鲜在内的世界各国销售产品，这势必也是美国政府所介怀的一点。当 AT&T 高层就是否退出与华为的协议仍处于商讨阶段时，有不少美国议员在公开场合表达对这家中国公司存在于美国本土的担忧，这两个事件之间的节点绝非偶然。华为对此则表态强调该品牌始终"以诚信态度向全球提供高质量产品"。

事实上，长期以来不少美国公司由于偏见，拒绝与中国企业建立类似商业合作关系，AT&T 仅仅是其中的一家而已。美国政府机构发布的许多涉华报告污蔑华为与中国情报组织存在联系，这也解释了这一点。欧洲国家则采取了不同的态度，没有对华为产品在欧洲的自由销售施加太多限制。例如，英国政府表示，在对该问题进行调查后，并没有足够证据表明有必要为中国企业的产品在英国市场上流通感到担忧，因此决定允许商业交易正常进行。这一决定也引发了不小的争议。

中国的另一家科技巨头阿里巴巴集团则在谈判过程中遭遇了无法逾越的障碍。2018 年初，美国政府采取强硬立场，阻碍阿里巴巴收购美国汇款机构速汇金（MoneyGram），这笔超过 10 亿美元的收购计划夭折。美国外国投资委员会（The Committee on Foreign Investment in the United States，缩写 CFIUS）出面进行阻挠，对速汇金系统内个人数据将在被收购后流入外资企业表达了担忧。一些评论家表示，阻止中资企业在美的经营和投资是正确的做法，因为中资企业阻碍了美企在本土市场的发展。

可以说，一旦涉及网络间谍活动的问题，都免不了让白宫领导人瞬间头脑发热。例如，特朗普一再强硬地否认俄罗斯对美国大选和他本人赢得总统宝座有所干预。其实，如果出于维护特朗普本人和美国国家形象的考虑，更好的处理方式是将这个问题的两个方面区分开来：一面是大选结果，另一面是俄罗斯进行干预的实际意图。

但在这方面，奥巴马也并非无可指摘。奥巴马在其两届任期内，始终对打击愈加频繁的网络攻击表现出犹豫不决的态度，因此受到亲信和美国国会的不断施压。事实上，中国的确在各个领域已成为美国的竞争对手，中美双边关系的紧张程度也不断升级。数据保护和网络知识产权保护，无疑是眼下最为热议的话题。这两个问题要解释清楚并不容易，而且它们往往是政治力量角逐的体现。2011年，美国资深政治记者比尔·格茨（Bill Gertz）分析了奥巴马对中国黑客活动的态度，以及美国工业和金融机构面临潜在攻击威胁的风险。格茨认为，奥巴马考虑过两种方式：要么网络袭击中国的工业设施，要么采取经济制裁这一最传统的手段。但在一番犹疑不决后，奥巴马政府没有采取任何行动，主要是考虑到中美贸易关系的敏感性及其在国际经济中的影响力，不能被轻易破坏。

2015年9月，奥巴马总统和习近平主席在华盛顿会见。

中美双方承诺互相尊重对方的知识产权，并将加大力度监测和打击境内非法网络活动。据一些专业机构称，此次会面后，中美双方互相发动的系统性黑客活动确有减少。但不久，总部位于加利福尼亚州的电脑安全技术公司 CrowdStrike 发布报告称，该协议并没有被成功执行。

行至十字路口

此外，另有一个社会群体同样有可能成为网络犯罪以及网络间谍活动的攻击目标，并且在遭遇攻击时抵抗能力较弱。那就是员工规模小于 100 人的小型企业，它们因此需要得到重视。根据美国智库兰德公司（RAND Corporation）所公布的数据，美国大约有 2800 万家小型企业，雇佣员工人数占全美劳动力的一半左右。这些企业依赖信息科技开展各类活动，包括项目推进、库存管理、订单跟踪、客户关系维护等。出于财务考虑，这类企业内部无法设立自身的信息技术部门，也无法雇用全职员工负责保障信息技术安全，这使得公司网络系统存在较大风险，让潜在的网络攻击者有机可乘。这一问题无法得到解决的另一个原因在于公司高层管理人员缺乏足够警惕性，这将在后文网络风险管理一章进行深入分析。兰德公司的数据表明，美国约一半的小型企业承认受过网络攻击，但更高比例（约90%）的企业则认为公司不存在网络风险。这并非意见上的分歧，而是两个数据的矛盾反映了问题所在。有必要指出的一点是，假设一家自认为没有重要敏感数据需要保护的小型公司是另一家公司的供应商，而后者系统中恰有黑客认为有价值的信息，那么入侵该小型企业的网络系统就可以成为通往关键信息的门户，由此形成所谓的"供应链"。

大量利益相关者共存于同一个网络空间内，增加了这个空间的复杂性。因此，寻求网络安全保障方案是一个全球性问题。2018年初在瑞士举行的达沃斯世界经济论坛确定将在日内瓦建立全球网络安全中心。时任欧盟委员会主席让－克洛德·容克（Jean-Claude Juncker）和美国总统特朗普也出席了论坛。随后的新闻发布会介绍称，该中心将成为政府、企业、领域专家和执法部门在网络安全领域进行合作开展的第一个全球性平台，并获得国际刑警组织的支持。世界经济论坛执行董事阿洛伊斯·兹温奇（Alois Zwinggi）被任命为全球网络安全中心负责人。该中心设立了明确的目标：提高公民的网络安全意识。为此，该中心将建立一个致力于个案研究的实验室，并为未来潜在的网络攻击做好准备。这一举措无疑象征着一个重大进步，表明国家领导人都对网络安全的重要性有了明确的认识。这个世界上，想要消除潜藏于未来的新的网络攻击，并不存在自动修复，也无法按下"删除键"进行一键清除。

第六章　世界政坛和网络干扰

Q

我们给这章标题独创了一个词"网络干扰"，从而将这类活动与实际的间谍活动区分开来。在前文已经提过，网络干扰指的是利用网络工具试图或已经干预最高层政治世界的行为。

网络干扰的性质决定了很难将这类活动与某国情报部门下属的黑客组织联系起来。间谍活动中，表象未必反映事实。因此有必要强调，本章节探讨的所有黑客行动在很大程度上仅为猜测，虽然大概率为真相，但仍存在其他可能性。

2013 年，俄罗斯武装部队总参谋长瓦列里·格拉西莫夫将军（Valery Gerasimov）在一次著名采访中曾明确表达过网络工具在俄罗斯战略中的作用。在他所写的一份后来被熟知为"格拉西莫夫学说"的内部文件中，这位将军表示，战争与和平之间的界限已经变得模糊，网络战等秘密行动策略在军事成功方面的重要性日益显著。格拉西莫夫指出，战争规则已经发生了本质改变，在很多情况下，借助非军事手段实现政治和战略目标的效率已经超过武装力量。格拉西莫夫称其为"非线性战争"，即跨越政治、金融和军事领域界限的战争。在西方，我们称之为"信息战"。

从现实可见，如今的俄罗斯领导人正在践行格拉西莫夫学说中的诸多方面。2017年2月，俄罗斯国防部部长谢尔盖·绍伊古（Sergei Shoigu）宣布正在建立新的网络部门，即网络部队（Kiber Voyska）。该部队将在现有网络作战基础上探索和实践全新的作战技术，这证明俄罗斯对军事机构与网络战相结合的重视程度。

俄罗斯的关切

时间回到1999年。彼时的弗拉基米尔·普京在鲍里斯·叶利钦的祝福下刚刚登上国家政治舞台中心，他写下了一份题为《千禧年之际的俄罗斯》的公开文件，或者称之为备忘录。时年47岁的普京在这份文件中描绘了未来国家政策的基本轮廓，以及俄罗斯如何在21世纪前半叶重获世界大国地位的设想。从根本上说，这份文件与俄罗斯一贯的世界观保持契合，是对历史思想传统的继承。俄罗斯人眼中的国际关系，就是在与邻国关系中建立起至高无上的地位，同时被国际社会看作一个不可侵犯的大国。有人将这一观点比作"零和博弈"，是指博弈各方的收益和损失相加总和永远为"零"，因此不存在赢家，只会巩固现状。对普京而言，任何形式的竞争都是俄罗斯崛起的重要时刻，如果在一个领域输了，就必须在另一个领域赢回来。有一项战术策略在苏联时期就受到重视，它曾被过度简化地误读为单纯的政治宣传和为达到目的所做的假新闻传播。进入 2000 年后，这一策略已被熟知为"信息战"。普京采取的正是这一策略。

今日的俄罗斯仍然处于一种特殊情况中，它所采取的某些政治举措在加强国家力量的同时，也会使其陷入困境。俄罗斯人一直对"远邻"的概念很清楚，指的是历史上自 1917 年以来长期属于莫斯科影响范围的邻国。1991 年后，原苏联的部分地区，如格鲁吉亚和乌克兰，走上了独立道路。后苏联时代，原属于苏联阵营的东欧国家相继发生了"颜色革命"：2003 年，格鲁吉亚"玫瑰革命"；2004 年，乌克兰"橙色革命"。对普京来说，俄边界的紧张局势自然给他的政权带来了挑战，因此俄罗斯会对这些国家采取军事行动和网络攻击，也就不奇怪了。

2011 年，莫斯科街头发生了一场大规模的抗议示威游行活动，近 10 万名抗议者参与了游行。普京将该事件指责为西方国家试图在中东和苏联国家制造紧张局势。互联网也被俄罗斯领导人看作制造紧张局势的工具之一，是美国针对俄罗斯实施的战略手段。克里姆林宫将当时的美国国务卿希拉里·克林顿视为罪魁祸首，是主导骚乱发生的长舌妇。

客观来说，普京的顾虑并非毫无根据。如果没有国会或白宫开启的绿灯，希拉里不会获得如此巨大的财政支持，美国中情局也不会发动如此规模的行动。从政治角度看，我们不能排除美国中情局在一定程度上参与谋划了这场街头抗议活动，但从没有证据证实此猜测。

笼罩美国大选的网络疑云

2014年，普京声称，美国中情局利用互联网工具破坏俄罗斯政权稳定。一些分析人士称，鉴于普京和希拉里之间出了名的水火不容，美国大选成了俄罗斯领导人反击的良机。事实上，在俄罗斯忍受严厉制裁期间，当时的总统候选人特朗普曾表示他一旦当选，将随时准备好与俄罗斯进行对抗。但鲜少有人能预测到，这一天真的到来了。唐纳德·特朗普于2016年11月8日晚击败前第一夫人希拉里·克林顿，当选为美国总统，出乎大多数人意料。政治经验更为丰富的希拉里曾在白宫生活8年，主导了多场政治运动，并为民主党和多个社会公益项目筹集了数百万美元。此外，她先是比尔·克林顿的妻子，后来成为国务卿，其建立起的人脉覆盖全球最具影响力的政客、战略家、银行家和分析人士。

大选前一个月，即将卸任的奥巴马发表公开讲话称，外部黑客或破译人员绝不可能操控美国大选。虽然这一掷地有声的声明让公众宽慰不少，但包括国家安全委员会成员在内的政府高级成员，始终对俄罗斯可能采取的行动保持高度警惕。部分国家安全委员会成员甚至希望对俄罗斯发出公开警告，禁止其以任何形式干预竞选，但该提议受到国家安全顾问苏珊·赖斯的反对。当时对民主党获胜颇有把握的赖斯表示，美国不应对俄罗斯继续质疑，从而避免在莫斯科－华盛顿轴线进一步出现外交关系紧张局势。然而就在11月的那个夜晚，特朗普领导的共和党取胜，这引发了外界对造成这一结果的主要成因和细枝末节的一系列分析和反分析，试图对希拉里的意外落选做出合理解释。希拉里的失败突然彻底改变了预期的局面。

许多人声称，希拉里的竞选策略非常平庸，且没有听取比她更有经验的丈夫比尔·克林顿的建议。最主要的一点是，她没有对美国的未来发展做出明确的愿景，而这番愿景本可以激发民主党选民更大的热情。其他人则毫不留情地认为，希拉里既缺乏她丈夫的魅力，也不具备成为杰出政治家的条件，因此也无法为美国那些被现状挤压、失去梦想的、深感受伤而几乎愤愤不平的中产阶级建立政治桥梁，她甚至都没有能力赢得年轻女性的投票。人们还对各州票数进行了分析。比如，威斯康星州是公认的中立州之一，那么为什么希拉里的团队或她本人从未踏足麦迪逊或绿湾？令人感到难以置信的事实是，希拉里在那里付出的拉票天数为零，这或许就解释了特朗普之后在威斯康星州获胜。

许多欧洲观察家和分析家毫不掩饰地表示，他们基本上符合欧洲对美国政治和美国人解释政治的能力的普遍看法。这不会让很多美国人满意，但可以确信的是，通过很大一部分欧洲公众舆论我们可以总结出欧洲人的思想：美国人是"一群孩子"，对世界其他地方一无所知，因为他们只关心好莱坞和棒球。因此，他们的文化和宗教都很古怪，而且完全被他们在电视上看到的虚假生活所愚弄，在大多数情况下，他们的判断是不可靠的。但由于欧洲人不能在美国总统选举中投票，唐纳德·特朗普才能在此期间获胜。

就这样，尽管特朗普写着无数错别字、具有充满争议的个人形象，且与媒体的摩擦冲突不断，但这位商业大亨还是成了最终的赢家，因为他探测到美国中产阶级的挫折感，触及美国人内心深处的不满，他们深感被挡在华盛顿政治辐射范围的封闭政治圈之外。特朗普反对华盛顿封闭的政治小圈子，认为它离宾夕法尼亚州的矿工太遥远，离得克萨斯州、俄亥俄州、威斯康星州、佛罗里达州、密西西比州和肯塔基州的普通民众太遥远。因此，大选结果虽在意料之外，但在很多方面也在情理之中。但另一项新因素的出现，证明特朗普的成功并非完全由希拉里的失误所致。这也让大选结束后的 2016 年无法在常态中度过。这项因素就是奥巴马早前声称不会出现的外界干扰。

大选一结束，各大媒体就开始流传消息称，有一股外部力量干预美国大选投票。这一干预对特朗普获胜起到了至关重要甚至具有决定性的作用，导致民众对竞选期间发生的一系列事件开始重新思考：它们究竟是一个个独立事件还是互有联系？如果是后者，那么一个版本的现实就开始成形了。无论这一干涉行为是否真正决定了大选结果，都免不了让美国民众感到不安。

事实是，在竞选期间，关于希拉里和民主党全国委员会内部运作的机密信息被泄露。以下内容被登于报纸，但我们将着重从网络安全和网络战争的角度对其进行分析。

2015 年 9 月的一天，美国联邦调查局特别探员阿德里安·霍金斯（Adrian Hawkins）为这个令人不安的网络事件拉开序幕。霍金斯一通电话拨给了民主党全国委员会，要求与某位网络安全官员通话，称必须报告一起严重事件：联邦调查局的网络系统正遭到网络攻击。霍金斯表示，据他所见信息，该行动疑为 The Dukes 黑客组织所为。该组织是一个有网络间谍经验的黑客团体，并可能与俄罗斯政府有所联系，联邦调查局此前已对他们进行了至少两年的监控。也正是该组织被指主导了攻击美国国务院和国防部参谋长联席会议存储非机密文件的计算机这一事件。民主党全国委员会作为一个非营利组织，没有足够的资源投入来保障自身计算机系统的安全，因此很容易成为像 The Dukes 这样的专业黑客组织的攻击目标。当时，时年 50 岁的黛比·瓦瑟曼·舒尔茨（Debbie Wasserman Schultz）为民主党党代会主席，她以愤世嫉俗的政治观和风格而闻名，但她对数字时代缺乏基本概念，甚至并不认为有必要对委员会的通信和文件实施安全保障。

这个故事的后续进展近乎荒诞。霍金斯打了好几次电话，但都没能和相关官员取得联系，仅仅被安排与通用服务台操作员亚里德·塔米尼（Yared Tamene）通话。塔米尼是一名外部顾问，并不具备网络安全的专业知识，更无能力应对网络攻击。塔米尼不相信霍金斯的话，只当是一个恶作剧。但作为一名踏实负责的雇员，他还是登录谷歌搜索了 The Dukes 的信息，看这个组织是否真实存在，顺便查了查来自 20 世纪 70 年代的英国摇滚乐队成员的近况，最后还检查了他的电脑里是否有文件丢失。但最关键的是，塔米尼没有将此事转告给任何人，而霍金斯也没有出席民主党会议对此事进行强调，只是继续打电话，但这对提高大家的警觉起不到任何效果。这一点也是在网络安全中需要注意的：哪怕我们生活在网络空间中习惯于进行远程信息处理，也不能忽视人与人当面沟通的重要性。

等到民主党人真正意识到遭到网络攻击时，已是几个月之后。在此期间，民主党网络中监测到越来越多与俄罗斯相关的黑客个人和组织，包括 Guccifer 2.0（该黑客否认与俄罗斯有任何联系，对此将在后文进行深入讨论）、Cozy Bear 和 Fancy Bear。网络窃密的重击最后来临：希拉里竞选经理约翰·波德斯塔（John Podesta）的私人电子邮件被维基解密公开。

这立即引发了一场巨大骚动。维基解密公开了约 44000 封民主党党内领导人之间的电邮内容。2016 年 7 月，在民主党党代会召开的三天前，再次爆发"电邮门"，一些劲爆元素在一番精心设计后呈现在世人面前。从电邮内容可见，本应在民主党内初选保持中立的民主党全国委员会主席黛比·瓦瑟曼·舒尔茨，却大力宣传支持希拉里，涉嫌故意排挤希拉里党内竞争对手、更年长的候选人伯尼·桑德斯（Bernie Sanders）。黛比·瓦瑟曼·舒尔茨被迫辞职后，此前曾担任该职位的唐娜·布拉泽尔（Donna Brazile）被任命为新一任主席。2017 年 12 月，唐娜·布拉泽尔出版了她所撰的《党仆：攻击与崩塌，把特朗普送进白宫的内幕故事》（*Hacks: The Inside Story of the Break-ins and Breakdowns That Put Donald Trump in the White House*）。在整个事件尘埃落定后，再回过头来细读这本书，能更好地理解希拉里邮件遭黑客攻击后，党内工作人员的紧张情绪以及为何做出了各种错误行为。例如，曝光的资料记录显示，为了获得竞选资金以挽救民主党委员会，希拉里提出并最终获得了对委员会的全权控制，并将她的心腹安排在委员会的核心岗位，切断了伯尼·桑德斯对民主党的控制。布拉泽尔在她的书中称希拉里的行为"缺乏道德"。

民主党全国委员会最初对此予以否认，表示对于网络攻击的严重程度和潜在后果一无所知。但与此同时，多位民主党候选人在竞选众议院席位过程中，均成为网络攻击的受害者。民主党国会竞选委员会的数千页文件被盗，并在互联网上被公开。该委员会与民主党全国委员会的办公室位于华盛顿的同一栋大楼内。这是确凿无疑的黑客活动，而美国联邦调查局特工早在一年前就有所了解。该活动可能在 2016 年 3 月或 4 月启动，但直到 8 月才被发现。一旦掌握大量的机密信息，黑客就利用社交媒体让记者和博主参与进来。这些材料标明了大量关于民主党在全国范围内的内部选举策略，最关键的是，它们曝光了民主党领导人之间对彼此的看法和传播的谣言。这造成了一桩极为尴尬的丑闻。此外，美国国防部的战略和预算也被披露。对此，约翰·波德斯塔在给一位友人的电子邮件中写道，希拉里·克林顿的政治直觉很不敏锐。

黑客组织 Guccifer 2.0 还披露了民主党全国委员会对纽约、宾夕法尼亚州、俄亥俄州、伊利诺伊州、佛罗里达州、北卡罗来纳州、新墨西哥州等地参选人的评估报告。例如，佛罗里达州一名候选人因筹款能力薄弱而被评为政治能力不足。面对这么多机密信息被公开披露，这位前第一夫人被迫承认，在某些情况下，她的私人言论与公开言论并不一致。大众对此的反应是，政治家中谁不如此？但该攻击计划的有效性在于，希拉里·克林顿的这一声明增加了公众对她的质疑，进一步降低了她的可信度，美国民众的心理就是如此。希拉里不会忘记，她的丈夫在大约 20 年前受到公众猛烈抨击的真正原因，不在于他的越轨行为，而在于他的一概否认。在美国，相比一个公开否认吸食大麻之后被迫承认的人，一个大方承认偷窃、逃税的无赖更容易被大众原谅并接受。

接连不断的机密信息大量被曝光和后续的被迫澄清让民

主党颜面尽失，也造成党内气氛严重紧张，团队成员士气低迷。对希拉里的各方对手来说，这无疑是一场重大胜利。希拉里固然出色，但她作为一名70来岁的老一辈人，当然没有真正重视过网络安全的意义。

除了俄罗斯黑客之外，一些有意和无意的帮凶在这一事件中也发挥了重要作用。黑客的攻击计划在最开始或许只是为了获取普通信息，但在发现盗取的信息量和民众兴趣度同比例上升后，黑客们决定泄密给处于流亡中、受厄瓜多尔驻伦敦大使馆保护的朱利安·阿桑奇（Julian Assange）[1]。这对双方而言都是一个绝佳机会。虽然阿桑奇始终否认其维基解密公开的所有相关信息来源于俄罗斯，但这仍是最有可能的来源。此外，DCLeaks 网站也收到了泄密信息并将其曝光在网站上。这些刊登泄密信息的网站成了各大媒体，如《华盛顿邮报》《纽约时报》和众多国外媒体的信息来源。必须指出的是，许多媒体在检查消息来源和内容可靠性方面有失严谨，充当了傀儡的角色，这也正合了始作俑者之意。

在投票前11天，时任联邦调查局负责人詹姆斯·科米（James Comey）公开宣布，希拉里在担任国务卿期间曾使用

1　"维基解密"网站创始人。

不安全的服务器分享机密信息，在之前种种爆料的基础上，这条新闻无疑是重磅炸弹。希拉里的这一荒诞行为严重违反了基本安全规定。在任何一种情况下，美国公职人员都会因此受到法律诉讼，但在这件事中，尽管联邦调查局手握实锤，科米还是决定放弃对希拉里提出任何指控。但即便如此，科米的声明无疑为这场本已烈火熊熊且无消退迹象的大选火上浇油。

这段政治气氛高度紧张甚至不良的时期没有随着11月的投票而结束。大选结束之后，落选的希拉里阵营在巨大的尴尬和震惊中开始散布言论称，窃听信息的爆料等一系列因素对特朗普的获选有利。坦率地说，按照该案件的高度复杂性和这段时期内新闻消息的密集性，的确无法肯定这些因素是否影响了最终的大选结果，也不可能根据针对民主党进行的黑客行动做出判断。然而，可以得出的结论是，被泄露的不检点行为虽然确实严重影响了希拉里·克林顿及其团队，并给其带去巨大难堪，但该事件对选票造成的直接结果是希拉里得票减少，并非特朗普得到更多支持。

另一件事的发生，给特朗普的胜利增添了更多疑点。2018年初，在美国网络安全负责团队工作多年的珍妮特·曼夫拉（Jeanette Manfra）表示，发现一个黑客团体对全美至少21个州的投票机发动了攻击，这些地区包括马里兰州、宾夕法尼亚州、弗吉尼亚州、亚拉巴马州和俄亥俄州。该团体身份暂无法完全确认。假定曼夫拉此话不假，那么这次攻击是为了获得个别州选民的详细信息。然而，只有科罗拉多州当局得出结论称，投票机的确受到了干扰。除此以外，没有任何实质证据表明任何一个州的选票被操纵。一方面，这是个好消息；另一方面，这个问题被摆上桌面，也再次说明了采取所有预防措施的重要性，以防止黑客在未来某一天真的有能力干预大选结果。

尽管一些州对联邦参与确保投票结果公正性的必要性保持保守态度，但在捍卫民主的名义下，美国联邦政府和各州政府在此类敏感问题上的合作愈加频繁。不管各政党的立场如何，美国情报机构对俄罗斯参与黑客攻击总统选举自有判定。尽管普京一再否认，但美国国土安全部和国家情报局局长在大选投票前夕发表了一份由四部分组成的文件，结论是这两个组织都"确信"俄罗斯黑客是针对民主党行动的幕后黑手。虽然该报告没有提及普京，但此处留下的可发挥想象空间很小，因为美国情报部门（协调各国家安全机构之间合作的办公室，包括国家安全局、中央情报局、联邦调查局以及国防部）的官员"确信"，该次网络攻击得到了俄罗斯政府高层的批准。这是美国第二次指责一个国家对其进行网络攻击。第一次就是前文提到的指责朝鲜对索尼影业公司进行网络攻击。

情报界向巴拉克·奥巴马递交了一份更具深度的报告，后者表示希望在 2017 年 1 月初与当选总统的唐纳德·特朗普分享。因此照理来说，特朗普当时应该获得了该报告。该报告题为《评估俄罗斯在近期美国选举中的活动和意图》，如今已被解密公开。这份长达 14 页的报告是当时的最高机密，其中没有评论黑客攻击对选举结果的影响，但得出了一些明确结论。该报告撰写者评估（"我们评估"是报告中反复出现的表述），俄罗斯总统弗拉基米尔·普京下令开展该行动以影响 2016 年总统选举，目的是破坏公众对美国民主进程的信任。根据该报告，普京和俄罗斯政府计划通过诋毁希拉里来助力候选人特朗普。该文件的签署者断言，俄罗斯军事情报机构将截获的材料泄露给维基解密，而情报界明确认为，莫斯科将在未来利用此次美国总统竞选中所获得的经验影响世界各地的民主进程，特别是美国及其盟国。该文件表示，俄罗斯选择了维基解密，是出于后者长期宣传的泄密信息真实性的声誉。此外，报告中还提及了普京分别对希拉里·克林顿和唐纳德·特朗普的个人评价，以及其对哪位候选人获胜将有利于俄罗斯利益所进行的评估。据称，克里姆林宫此次通过黑客攻击窃取情报并进行媒体传播，目的是报复此前俄罗斯所认定的美国媒体对俄罗斯的两次攻击损害了俄罗斯的利益。此前美媒曝光"巴拿马文件"，揭露了许多与俄罗斯政府关系密切的人物以及他们私藏的财富，之后又曝光了俄罗斯奥林匹克运动员使用兴奋剂一事，这些都让俄罗斯感到国家尊严受损。

关于网络行动对美国选举所产生的影响，说法众多且版本不一。也有传言说，这是特朗普竞选团队所为，可能是一名团队工作人员通过某些方式与俄罗斯进行接触合作。然而，尽管有情报界报告论证，众议院情报委员会还是排除了俄罗斯参与操纵特朗普大选获胜的可能性。2018年，由美国司法部任命的联邦调查局前局长罗伯特·穆勒（Robert Mueller）虽然表面上继续着他的工作，但实际上与白宫之间摩擦不断，以至于特朗普的律师——前纽约市市长鲁道夫·朱利安尼（Rudolph Giuliani）——要求换上更公正的新人选取代穆勒。据穆勒及其手下调查人员说，不论是谁黑入了民主党全国委员会和希拉里·克林顿的电子邮箱，都是按俄罗斯政府命令行事。这一结论与情报界的初步报告得出的结论不谋而合。此外穆勒还指出，涉事黑客中甚至有五六名人员曾经任职于俄罗斯联邦武装力量总参谋部情报总局。对俄罗斯情报总局的调查工作主要由美国联邦调查局执行，同时联合了匹兹堡和休斯敦的特工，而其他特工则在华盛顿对俄罗斯的对外情报机构下属私营部门的特工进行调查。这些私营部门的特工就是所谓的 APT29，为克里姆林宫提供国际情报侦查服务。如果事实真的如此，那么联邦调查局的调查结果则揭示了俄罗斯政府在企图掩盖通过网络攻击干预美国大选过程中败露的痕迹。

2018 年 7 月，特朗普和普京在赫尔辛基举行了会晤。双方讨论中覆盖了众多议题，但大多数记者最为期盼的是两位总统将如何面对"通俄门"事件（Russiagate），但这显然并不在会晤议程上。直到会晤后的新闻发布会上，俄罗斯总统普京在回答某个具体问题时称："俄罗斯从未干涉、也不会干涉美国内政，因此也不会干涉选举。"这是一个四平八稳的回答。但令人惊讶的是特朗普的反驳："普京总统说这不是俄罗斯……我看不出有什么理由……'通俄门'调查对美俄关系造成了严重破坏，有这样的调查是一种耻辱。"随后是一个微笑和一次握手。24 小时后，在同样来自共和党阵线的雪崩式批评、普遍的不满以及国防部主任丹·科茨重申存在俄罗斯干预证据的声明之后，特朗普决定纠正他的立场，声称他没有很好地解释自己想表达的观点，因此被误解了。

2017 年底，美联社发表报道称，为俄罗斯服务的网络间谍活动持续不断且鲜少受到反击。报道称，在联邦调查局确认为亲俄黑客组织 Fancy Bear 攻击目标的 500 名美国官员名单中，只有极少数官员接到过联邦调查局的通知和警告。据

《卫报》报道，在接受美联社采访的 80 名军事人员中，只有两人证实自己曾接到过类似警告。联邦调查局对此失误做出解释，这是由于缺乏足够人手来监测和跟踪所有网络攻击或企图攻击。具有讽刺意味的是，美联社曾试图联系了 500 人中的 190 人。

巴拉克·奥巴马在任期的最后几周，认为应当就俄向美发起网络攻击一事做出回应。因此他宣布，所有美国人都对俄罗斯的行为感到震惊，美国及其世界各地盟友应共同面对这一新威胁。随后在 2016 年 12 月 29 日的新闻发布会上，奥巴马宣布了一系列回击行动，其中最引人注目的是驱逐 35 名在美活动的俄罗斯特工嫌疑人及其家属，并严厉指责俄罗斯情报总局和联邦安全局干涉美利坚合众国的民主建设。

在奥巴马表明立场之后一系列回击行动展开，其中一个回击似乎直接取自冷战时期的间谍活动，俄罗斯驻美几个城市的外交大楼被关闭。普京对此做出的回应措施是驱逐了 755 名在俄工作的美国大使馆工作人员。这迫使位于莫斯科的美国驻俄使馆不得不通过精英安全股份有限公司（Elite Security Holdings）雇用了俄本土的安全服务。该公司与维克多·布达诺夫（Viktor Budanov）有关联，而布达诺夫是前克格勃特工，也是冷战时期驻英的双重间谍金·费尔比（Kim Philby）的朋友。这是一份价值 280 万美元的合同，提供的服务包括美国驻俄大使馆和美国驻圣彼得堡、符拉迪沃斯托克（海参崴）和叶卡捷琳堡领事馆的安保服务。美国驻俄大使馆为此专门发布了一份备忘录，强调这份合同不会以任何方式削弱美国的安全性。但一名俄罗斯评论员指出，俄罗斯绝不会雇用一家与美国中央情报局有任何联系的美国安保公司，并将俄罗斯驻美大使馆的安保托付给它。

针对法国的黑客攻击

2015 年 4 月，法国收视率颇高的电视频道 TV5 Monde 是一次重大网络攻击的受害方，后续被追查到该攻击所采用的恶意软件来自俄罗斯黑客，他们删除了电视台的官方网站和脸书主页。最初，法国当局猜测此次行动与伊希斯组织有关。但在随后的调查中发现，此次攻击的源头是黑客组织 APT28。虽然该行动的真实动机至今不明，但据此我们可以大致推测，黑客组织试图通过攻击一个重要的欧盟成员国的电视台网络系统，来进行演习，并测试自身的网络攻击能力，并且将该行动宣传为"黑色哈里发"的网络恐怖主义行为。这次卓有成效的攻击造成电视台网络系统瘫痪数小时。一名惊慌失措的技术人员试图通过从插座上拔掉电源插头来隔离系统，但恰恰取得了反效果，导致恶意软件病毒在整个电视台网络中传播。最后，TV5 Monde 电视台为恢复计算机系统所耗费的直接成本超过 500 万欧元，之后又增加投入几百万欧元来加强网络安全防护。

法国 2017 年大选令人意外的是，玛琳·勒庞（Marine Le Pen）领导的右翼政党在第一轮取胜。众所周知，勒庞在最后的投票对决中面对的是中间派候选人埃马纽埃尔·马克龙。马克龙虽为法国前任财政部部长，但当时在国际上为无名之辈。最后，在法国各党派阵营对抗极右翼势力的联合力量以及反法西斯舆论运动的广泛影响之下，马克龙击败勒庞当选法国总统。

在竞选活动的最后几周，马克龙的可信度在社交媒体上遭遇了一系列攻击：有人称他是美国中情局特工，有人指责他盗用公共预算资金用于竞选活动，还有人干脆把他描绘成同性恋者。但这些只是谣言，试图对马克龙进行人身攻击和诋毁，没有任何证据证实这些传闻。

俄罗斯语中将针对反对者采取的策略称为"Kompromat"：散布丑闻以中伤对手。本案中针对马克龙的谣言无疑就采取了这一策略，但并没有产生预期效果。可以确信的是，马克龙一直（至今仍然）明白克里姆林宫对他采取的策略。至于这是否会在未来对法俄关系产生实质性影响，我们拭目以待。

至于在意大利，据《卫报》调查，时任外交部部长的保罗·简蒂洛尼（Paolo Gentiloni）是遭俄罗斯黑客攻击的受害者之一。据报道，俄罗斯企图获取他的个人信息未遂。

德国之墙

2017年9月，虽然安格拉·默克尔最后如愿以偿成功连任德国第四个总理任期，但在选举初期还是遭遇了不小的困难，并且在选举前接到了多个警报称德国政坛将成为网络攻击的目标。2016年底，德国官员承认多名国家领导人的电子邮件地址被黑，怀疑对象立即聚焦到了俄罗斯。在各种蛛丝马迹中，有非官方报告称俄罗斯在瑞士设立银行账户，正是为了资助干预德国投票的网络行动。2016年底，德国政府还通知联邦议院，称德国的计算机网络在过去一年间曾多次遭外国组织攻击，其中包括俄罗斯情报机构的攻击。该报告还指出，俄罗斯通过臭名昭著的APT28组织在2016年5月和8月分别发动了针对联邦议院和国家政党的网络攻击。

尽管有上述先例，但2017年秋季的德国选举并没有明确成为俄罗斯黑客的攻击目标。有一些因素可以解释德国与美、法两国的不同情况。首先，德国始终对黑客活动保持密切监视，并为潜在攻击做好了准备。因此当大选开始后，黑客失去了突袭条件。其次，德国广泛使用纸质选票，这足以抵御网络攻击。此外，由于具备防范意识，德国联邦信息安全办公室在大选前进行了网络测试，以评估可能存在的系统漏洞，防止这些漏洞被用来向竞选活动提供虚假信息。此外，与美国人不同之处在于，德国人非常信任其媒体的严肃性。这种信任扎根于德国新闻业实践中：有专门的检测团队对信息真实性进行检查和证实。最为现实的一个因素是，当时的总理候选人中除了默克尔之外没有其他更有利于俄罗斯利益的人选，这也进一步消解了俄罗斯黑客发动攻击的动机。

德国也曾与其他国家就黑客攻击问题产生过摩擦。2017年底，德国国家间谍机构联邦宪法保护办公室（BfV）发表了一份报告，指责中国利用领英平台（LinkedIn）接触多达一万名德国公民，其中大部分为知名人士。据证实，有人创建了虚假的领英个人账户，并结识了大量普通用户。该行动的目标大抵是收集普通（具体）的个人信息，以及建立政治和商业联系。在大多数情况下，这种做法是为位于德国的经理层搭建与中国商务人士沟通的桥梁，从而进一步签署商务或劳务协议。该报告发布后，领英关闭了部分账户。随后，瑞士也对中国提出了类似指控。面对这两个案件，中国做出回应称，欧洲国家正在为其网络安全出现的一切问题寻找替罪羊，并提及在爱德华·斯诺登一案中，入侵柏林系统的实为美国情报机构。

德国为应对网络间谍威胁所做的努力反映了网络间谍活动在整个欧洲日益增长的趋势。欧洲各国都在采取措施减轻黑客攻击的影响。例如，瑞典在其学校教育中专门设立课程，教授学生如何识别俄罗斯政治宣传内容。瑞典国防部已经开始根据俄罗斯使用的战术培训自己的军队。立陶宛是一个频繁受到黑客攻击的受害国，于是立陶宛成立了一个由互联网专家组成的公民志愿者小组，负责在社交媒体上进行巡视检查，追踪形迹可疑的俄罗斯黑客账户。该志愿者小组名为"精灵"，对应特指俄罗斯黑客或破译人员的专有名称"巨魔"（Troll）。

整个欧洲都处于警戒状态。例如在 2018 年 10 月，荷兰宣布 4 名俄罗斯特工在几个月前试图入侵海牙禁止化学武器组织的计算机系统时被当场抓获。在英国调查员的配合下，荷兰调查员确认了这 4 名前克格勃特工的身份，并随后对他们下达了驱逐令，将其遣送回莫斯科。

英国脱欧的幕后故事

2017 年底，英国议会也开始密切审查推特、脸书等社交媒体是否受俄罗斯人利用以企图左右英国的脱欧投票。鉴于欧盟对东欧国家的影响，俄罗斯将欧盟视为强大的竞争对手，因此时刻准备抓住机会或创造机会来破坏欧盟地位的巩固和提升。最终，英国的脱欧投票以130万票的差距通过。由于该决定对全英公民具有重要意义，因此如果俄罗斯对投票结果的确起到决定性干预，英国的国家制度可信度将受到严重损害。在2017年11月的一次演讲中，时任英国首相特蕾莎·梅（Teresa May）表示，普京正试图"破坏自由社会"并在英国和欧洲邻国之间"挑拨离间"。特蕾莎·梅的评论与难以捉摸的时任外交部部长鲍里斯·约翰逊（Boris Johnson）的评论不一致，后者在几周前曾表示没有发现任何证据可证明俄罗斯试图干预英国脱欧投票。特蕾莎·梅的评论也被俄罗斯外交部发言人驳斥为毫无根据的指责。然而，就在英国首相发表演讲两天后，一个英国研究小组披露，发现有10万个俄语推特账户发布了数万条英语信息，主张英国退出欧盟。这一调查结果让约翰逊备感尴尬，但特蕾莎·梅带领的保守党所面临的真正问题在于，如何在捍卫国家利益和认可脱欧投票结果的有效性之间找到一个平衡点。毕竟，正是她所采取的策略带领国家走向了这一步。

　　前俄罗斯间谍谢尔盖·斯克里帕尔（Sergei Skripal）和女儿在英国小镇索尔斯伯里被暗杀未遂一事——非自杀行为，为英国政府坚定对俄立场提供了机会。事件前因后果是这样的：自斯克里帕尔从俄罗斯情报部门离职，并听命于英国后，他就成为俄罗斯伺机报复的目标。2018 年 3 月，斯克里帕尔父女在一个公园的长椅上昏迷，被发现时已失去意识。父女二人被紧急送往医院，诊断称父女俩所中之毒是近乎致命剂量的诺维乔克（Novichok），这是俄罗斯几十年前开发的一种强力神经毒剂，种种证据都指向俄罗斯是谋杀未遂的幕后主导。当时的英国首相特蕾莎·梅对这一结论表示认同，并对斯克里帕尔在英国遭受这样的袭击感到愤慨。英国首相的立场立即得到了美国总统特朗普和法国总统马克龙的支持。在政坛的领导人中间，只有公开反对北约的英国工党领袖杰里米·科尔宾（Jeremy Corbyn）拒绝明确指认俄罗斯为本次袭击的罪魁祸首，并排除了俄对英任何形式的侵略可能性。

尽管所有证据指向俄罗斯为本次暗杀行动唯一的受益方，俄罗斯发言人仍毫不意外地否认俄罗斯参与斯克里帕尔中毒事件。值得注意的是，间谍活动的实际操作规则与表面迹象不同，它不受愤怒支配，而是完全听命于政治权宜。面对这些指控，俄罗斯开始在互联网上大肆宣传观点。俄罗斯"巨魔"和媒体提出，是英国给斯克里帕尔父女下毒以在公众舆论中制造和煽动反俄情绪。目前，该案件仍未结案，因为尽管已查明两名攻击者均为俄罗斯公民，但任何说法均未得到最终证实。

　　针对俄罗斯在叙利亚大马士革使用神经毒气的指控出现的那几天，危机中的俄罗斯媒体在"巨魔"帮助下再次发声，称此次攻击和之前的空袭都是英国一手主导，这与叙利亚人的指控正相反。在这种情况下，特朗普决定不多说废话，索性在 2017 年下令对大马士革持有的化学武器库进行空袭和导弹袭击。俄罗斯再次使出相同伎俩，赶忙为叙利亚总统巴沙尔·阿萨德进行辩护。

　　美国网络安全公司安全工程（Secureworks）在 2017 年发表报告称，针对俄境内和西方主要国家的任何形式的反俄分子，俄罗斯政府都对他们开展了监控。安全工程公司从俄罗斯黑客组织 Fancy Bear 的一个失误中确定，2015 年 3 月到 2016 年 5 月，俄罗斯黑客集中攻击了不少于 4700 个 Gmail 邮箱账户，这些账户持有人是那些与克里姆林宫不站在统一战线上的美、俄重要人物。在上黑名单的美国人里，有前国务卿科林·鲍威尔（Colin Powell）、约翰·克里（John Kerry）、将军大卫·彼得雷乌斯（David Petraeus）、菲利普·布雷德洛夫（Philip Breedlove）、韦斯利·克拉克（Wesley Clark），以及前北约指挥官。被监控名单中还包括处理美国国防采购中的一部分公司高管，这些公司包括波音（Boeing）、洛克希德·马丁（Lockheed Martin）和雷神

（Raytheon）。

在赫尔辛基会议很早之前，普京和特朗普就曾多次谈到所谓俄罗斯针对以美国为代表的西方国家所展开的黑客活动。普京始终坚持认为，他对外界大肆宣传的俄罗斯黑客活动并不知情。有学者评论称，如果此话为真，那后果非常严重，这意味着俄罗斯总统对自己的间谍机构失去了所有控制。特朗普方面，尽管有大量证据基础，美国总统仍公开表示相信普京真诚的否认。之后在赫尔辛基声明中，特朗普再次公开强调了关于俄罗斯黑客攻击的看法立场，且与之前的态度保持一致，并且认为缺乏克里姆林宫应负直接责任的客观证据。但事实是，自特朗普被任命为美国总统之后，上任前不久，美国情报界就向他汇报了调查结果。

美国总统的观点并没有得到所有下属的认同，其中一些人公开建议特朗普更多将情报和警察部门的调查结果纳入考量，而非忽视并公开否认这些调查结果。特朗普对俄罗斯采取这一立场，可能正如一些人所说，是他无比幼稚的外交政策的又一体现，也有可能是他在大选中得到外国势力的援助却无法公开承认的自然结果。究竟是哪一种情况，我们不得而知。为他辩护的声音称，特朗普身处于这个位置没有其他选择，如果公开指责俄罗斯的网络干涉活动意味着将国际局势的紧张程度提升到极度危险的水平。也有声音做出更恶意的大胆假设，认为总统对铁证熟视无睹、拒不承认，意味着特朗普参与了"通俄门"事件，并给对手提供了弹药。

正如意大利专栏作家维托里奥·祖科尼（Vittorio Zucconi）所言，我们没有证据表明俄罗斯有能力影响美国和欧洲总统选举的结果，尽管如此，仅仅知道俄罗斯黑客有计划攻击西方民主国家这一情况并不能令人欣慰。然而，特朗普公开表达对普京立场的信任和支持显然无法帮助美国情报部门提升自身防御能力，以应对未来可能发生的任何网络侵略。2017年底，美国一家主流报纸报道称，俄罗斯潜艇大大加强了位于北大西洋深处的计算机数据传输电缆附近的活动。这一消息瞬间让北约国家的指挥官们联想到冷战时期的情境。俄罗斯高度关注北美和欧洲的互联网及其他通信的传输线缆，代表了克里姆林宫有意切断和这些重要国家的友好关系，并对这些通信线路进行控制。

甚至互联网巨头微软公司也卷入了这场国际政治干预的博弈。2018年夏，微软宣布成功阻止了俄罗斯团体APT28的黑客攻击企图，并确定受影响的几个网站包括哈德逊研究所和国际共和党研究所的官网，而这些美国机构对特朗普和普京都持批评态度。"很明显，"微软总裁布拉德·史密斯（Brad Smith）在其微软博客中写道，"全世界民主国家正受到攻击。外国实体正在发动网络攻击以破坏选举并进行挑拨离间。"克里姆林宫立即否认这些指控，强调没有任何证据为依据，该指控毫无价值。

我们身处于一个人类网络能力迅速发展的时代，以至于国际上对网络防御做出的种种努力不足以完全保障数据安全。这个问题与传统恐怖主义时代所面临的问题相似：我们没有能力彻底消除任何恐怖主义袭击的可能性，因为决定何时、何地、以何种方式实施袭击活动的永远是恐怖分子自身，而非警察。

最具批评性的美国专家坚信，俄罗斯的这一态度表明它将继续试图通过将指控转移到对手身上来最大限度地混淆其开展网络间谍活动的证据。俄罗斯外交部发言人称，美国试图影响俄罗斯 2018 年 3 月的总统选举，据称是通过支持阿列克谢·纳瓦尔尼伊（Aleksej Navalnyj），尽管他已经被中央选举委员会宣布为不符合候选人资格。这条新闻或许不具备客观依据，但它与特朗普的说法在某种程度上具有一致性：在大量虚假的消息和设想之间，如果这条适用于一方，那么它也该适用于另一方。这一理论无疑是符合逻辑的。

普京默认互联网的力量，并提出过想要对社交媒体进行监控，以确定哪些俄罗斯公司参与了俄大选相关政治活动。在数字时代，信息有无数种方式被用于善意或恶意的目的，而这之间的界限正变得日益模糊。

正如一些分析家所建议的那样，谨慎的做法是等到下一次欧洲国家选举时采取更复杂和有针对性的策略。美国情报和执法机构的负责人也有类似担忧，他们在 2018 年 2 月中旬向参议院情报委员会提供证词，一致表示俄罗斯已经开展实施基于社交媒体的数字战略，以传播虚假信息和干扰 2018 年 11 月的美国中期选举。2018 年 2 月，美国国家情报局局长丹·科茨（Dan Coats）表示，相信俄罗斯人将继续推进政治宣传和假新闻传播的工作。此言论发表几天后，美国司法部副部长罗德·罗森斯坦（Rod Rosenstein）宣布，13 名俄罗斯公民和 3 家俄罗斯公司因企图干预 2016 年总统选举而被联邦政府起诉，这进一步证实了美国政府的担忧。据罗森斯坦所言，俄罗斯影响美国总统选举结果的虚假信息行动，代号为"翻译项目"，于 2014 年上半年启动，正是在克里米亚事件发生后不久、远在唐纳德·特朗普宣布成为总统候选人之前。当时，2 名俄罗斯妇女持奥巴马政府签发的签证前往美国，在至少 9 个州进行政治活动研究，包括佛罗里达州、加利福尼亚州、密歇根州和得克萨斯州。从目前的情况来看，该行动在圣彼得堡的互联网研究机构总部投入了大量资源，连续几个月，俄罗斯专业人员在社交媒体上不断试图激化美国民众对移民和基督教宗教激进主义等争议性话题的反面情绪，并对反种族主义"黑人的命也是命"（Black Lives Matter）运动给予支持。这些行动似乎正反交杂，但共同点是散布反对希拉里和支持伯尼·桑德斯的虚假信息，以及强烈反对唐纳德·特朗普的立场，这是一条清晰的主线。根据罗森斯坦的说法，这一行动的首要目的是"挑拨离间"。该项目的协调员是叶夫根尼·普里戈津（Yevgeny Prigozhin），他是弗拉基米尔·普京的亲密伙伴，也在乌克兰和叙利亚为克里姆林宫行事。被起诉的俄罗斯公民必然不会接受美国的司法审判，因为俄罗斯政府已经将这些指控视为空谈，并且不允许俄罗斯公民被引渡到美国进行审判。

这个问题似乎并没有引起特朗普的重视，然而有很多人认为必须克服困难，有必要建立起通向保障民主自由的未来大道。美国及其政府拥有充足资源来重建信息世界的安全性：不仅拥有经验丰富的大型安全机构，如中央情报局、联邦调查局和国家安全局，还能得到司法部、国土安全部等相关部门的支持。不幸的是，如今的美国领导层缺乏明确意愿来认真解决这一问题。所有情报机构和专门机构的负责人——包括美国网络司令部——都被迫承认没有得到相应指令。

这个问题涉及的不仅是美国，还有世界上所有民主国家。正如我们已经指出的，在信息自由得到真正保障之地，试图影响公众舆论的行为就有更高成功率。而这正是西方民主国家面临的重大问题：在保障公民敏感数据的安全和信息质量的前提下，仍能维持充分的言论自由。要做到这一点，需要每个国家清楚识别敌方，并且能让他们即便不能彻底无害，但至少像德国 2017 年选举活动中应对干预企图的方式那样，能避免这些干预产生实质恶果。

意大利也曾疑似受到网络干扰。意大利议会安全委员会（Cospair）已经开始核查关于在贝尔帕埃塞（Belpaese）进行的网络干扰等不端行为的真实性，该信息由美国提供。美国一家专门网站 538（FiveThirtyEight）公开指出，在 2015 年至 2018 年初，互联网研究机构被查实的约 3000 个账户所发布的推文中有几千条为意大利语。最后，这条新闻被认定为一场为了支持帕达尼亚北方联盟和五星运动的造谣行动，二者正是之后赢得意大利大选的政党。同样，在意大利共和国总统塞尔焦·马塔雷拉（Sergio Mattarella）对保罗·萨沃纳（Paolo Savona）教授在经济部的任命表示"反对"后，俄罗斯"巨魔"被指已开始行动，创立虚假的网络个人账户并在几小时内发起了"马塔雷拉下台"（"Mattarella Dimettiti"）的互联网标签。

意大利的这几个网络事件充分证实了需要谨慎对待有关网络干预的任何假设，以至于对网络世界的重构说，引起了许多权威方的激烈讨论。但很明显，通过网络活动开展政治干预的手段主要通过社交媒体，政府必须起草和明确贯彻相应的数据安全法。在这方面，剑桥分析公司（Cambridge

Analytica）的案件具有代表性。历史经验告诉我们，我们不能也不会走回头路，但我们必须为一个复杂而迷人的世界规划出一个让人安心的未来。那个世界我们称之为社交媒体。

第七章 社会问题

Q

网络世界中，社交媒体是使用最多、最为人熟知的网络工具。如果这一章从社会学和经济学角度，试图对社交媒体的当前现实及重要性做出详尽的、全景式的分析，那未免不自量力。尽管对社交媒体研究是一个最近才出现的现象，但其体量之大以及对数十亿人所产生的积极意义，百卷千页都难以尽述。因此，我们将集中讨论与本书主线关系最密切的那些方面，即网络世界和人的因素。

　　出现在脸书、推特、油管、照片墙（Instagram）、领英和其他社交媒体上的信息量非常大，因此我们的分析必须从大局出发。除非是对某个具体方面特别感兴趣，否则，从细枝末节入手无法产生实际效果。社交媒体所包含的数据和信息具有重要价值，并将给拥有者带来"权力"。正因这一重要性，这些信息的管理方和希望获取信息用于特定目的的获取方在这方面达成了一定协议。这一前提将引导这一章节的走向，但首先还是有必要将一些现象和思考先告知读者。

近来假新闻事件愈加频发，事实证明，其中很多假新闻是被故意上传至社交媒体的。脸书与剑桥分析公司丑闻一案尤为典型，似乎整个社交界的可信度已荡然无存。许多人一度将社交媒体视为通向真正民主未来的桥梁，但他们也正在逐渐与这个虚拟世界拉开距离。就好像他们在早上十点突然醒来，睁开双眼，只见太阳已经高悬空中。而另一些人则因为自己的身份和角色，从未闭上过双眼，也就不会对高悬的太阳感到惊讶或不安。正因如此，有必要对欧美社交媒体的社会发展进程的不同观点进行深入研究和探索。

德里克·德克霍夫（Derrick de Kerckhove）生于比利时，加拿大籍，是一名著名的社会学家和记者，往返于加拿大和意大利之间生活和教学，讲课足迹遍布全球各地。他被公认为马歇尔·麦克卢汉（Marshall McLuhan）思想的继承者。当我们问他：“社交媒体上的数据操纵是不可避免的吗？”他眼都没眨就回答：“当然无可避免，但这并不是什么坏事。集体数据不仅可以服务于国家和商业利益，并且象征着一种新的人类共存方式的开始，由新的社会条件所带来的益处和风险共存。”

从他的评价可见，德克霍夫“从未闭上双眼”，他已经准备好接受社交媒体带来的消极方面，将其看作社交媒体与生俱来的基因中的一部分。事实上，他的理论是，明日世界将由数据机构主导，因此数据的控制者将有权领导世界。但他并不悲观地认为这将走向多数服从少数的独裁体制。在德克霍夫看来，未来社会中，联智（Connective Intelligence）比集智（Collective Intelligence）更重要，联智是指在人与人的联结中产生的智慧，对个体知识进行的总结。而对于我们的下一个问题："剑桥分析公司的案件意味着什么？"这位社会学家更没有动摇："该案件是将我们从梦游中唤醒的报警信号。现在我们终于能理解，如英国脱欧和特朗普当选总统等骇人的结果，可能通过使用像电子游戏一样自动化、操作性强、可远程管理的影响系统进行操控。"在采访之前，我们注意到他在Linkiesta上发表的声明中有几段话这样说道："网络并没有让我们变得更愚蠢。事实上，网络世界所存在的智慧与现实生活的智慧相等量。我更愿意思考的是这个事实：那些艺术、工程、文学等领域的天才人物曾经曲高和寡，如今能通过网络找到知音。什么是真正的假新闻？宣称社交网络在伴随和产生联智上毫无积极意义，甚至产生负面作用，这才是不实消息。想想最近在意大利中部发生的地震中，推特帮助人们会聚在一起，共同为地震后产生的问题寻找解决方案。"

脸书－剑桥分析公司

本章中，我们将重点分析脸书－剑桥分析公司的丑闻，由此对网络空间中社交媒体和其他元素进行分析。这一事件发生在我们开始撰写本书前不久，其规模和影响力远比任何其他事件更有助于阐明如今数字世界正在塑造现实世界的威胁的范围和性质。在深入其历史之前有一个前提：必须先说明"社交媒体分析"一词的含义，它是指采用相关技术对网络平台上的言论、立场和选择进行监测，并通过分析数据流来验证个别网络的有效性，同时也被用作帮助选择营销手段的分析工具。

自 2004 年初创立以来，脸书已成长为世界上最成功的公司之一，其品牌因拥有数以亿计的用户而具有全球性的价值。网站创始人马克·扎克伯格（Mark Zuckerberg）在很多方面已经实现了他所立下的连接世界的梦想。扎克伯格的成功印证了他的直觉敏锐度，也使他成为地球上最为富有、令人钦佩的人物之一。十年后，他和妻子早已成为媒体的"宠儿"，也拥有了数以亿计的粉丝。根据脸书的数据来看，他们在全球甚至拥有 20 亿名好友。但没人能料想到，脸书与其位于加州门洛帕克的母公司之间的信任关系会产生变化。

驱使一家公司走上黑暗道路的因素有两个：对于利润的过分追求，以及由此导致对积累的大量数据和信息的控制力、保护力的失控。在民主国家，收集人口数据和信息主要通过人口普查和提供的社会化服务，包括提供医疗保健、发放养老金以及包括驾驶执照在内的个人材料。

脸书以及其他数字社交媒体（如推特）的涌现，象征着在计算机时代私营企业可以收集和储存大量个人数据，这是史上头一遭。但与此同时，脸书和其他主要数字社交网络的法律和伦理思维没有跟上科技发展的步伐，这与其他很多领域的发展情况相似。众所周知，数据具有价值，并且随着脸书积累了越来越多用户自愿提供的数据，该价值也成倍增长。

让我们简要回顾一下这个体现了数字世界的风云变幻莫测的事件。剑桥分析公司通过收集个人数据来创建心理档案，从而针对目标群体展开营销活动。公司总部设在英国，但其创始人之一与美国右翼势力保持着密切联系。剑桥大学的数学研究员亚历山大·科根（Aleksandr Kogan）善于在合规的边缘游走，通过使用一个应用程序收集了大量脸书用户的个人信息，并将其提供给剑桥分析公司，后者利用该信息为唐纳德·特朗普的总统选举提供咨询服务。根据脸书的说法，遵照 2014 年关于使用社交网络上所收集数据的规则的改变，脸书已经相应要求科根和剑桥分析公司销毁这些数据。但除此以外，脸书没有采取任何其他措施，甚至没有警告用户，他们和好友的数据已经遭泄露并被分类分析了。受害用户为 27 万人，乍看起来似乎受灾面并没有很大，但一旦"发展"起来，即用户总量乘以每个用户的好友数量，总共导致近 8700 万脸书用户的资料遭窃：这意味着这一庞大数量的用户可能在大选期间受到权势力量的监视甚至被联系。此处，我们又回到政治层面的反思：剑桥分析公司与特朗普支持者之间的联系非常紧密，公司股东罗伯特·默瑟与特朗普关系密切，而从零起步扶持这家英国公司的导师史蒂夫·班农正是特朗普的大选参谋。

脸书因迟迟不公开被收集的数据信息而遭指控，直到《纽约时报》和《卫报》相继曝光其被起诉的新闻后，脸书才将相关信息公开。调查无法查明脸书是否从这一事件中获取经济利益，但可以肯定的是，首先，它没有保护用户隐私安全；其次，它明明掌握了所有内情却选择保持沉默。该泄露事件导致脸书股价急剧下降，市值一度下跌近 80 亿美元。从那时起，正如行话所说，脸书的股价一直处于过山车状态，之后逐渐得到一定程度的恢复，挽回部分损失。这一情况一直持续到 2018 年夏天，脸书股价跌落谷底。

马克·扎克伯格被传唤到美国国会接受了为期两天的听证。很多人将扎克伯格描述为极度尴尬。听证会前，扎克伯格与一个专家小组进行了长时间准备，但他在现场的回答仍被不少人视作一连串借口，其中夹杂着对脸书内部安全政策进行改良的模糊承诺。隐私问题显然是当下最热的话题，而扎克伯格对此的声明可能更揭示了他本人——而非脸书创始人——在面对大量媒体曝光时的公开立场。这名脸书头号人物在多个场合基本在重复同一个主题：我们没有采取足够措施防止此类事件发生。

随着脸书－剑桥分析公司事件的发酵，个人数据管理及其相关漏洞已不仅仅是一个商业或道德问题，而成为一个全球性的政治和社会问题。这一丑闻事件及其产生的后果"漂洋过海"，成为英国和欧盟各国进行探讨和争论的主题。无论扎克伯格在哪里出现，无论是在美国还是在欧洲结束听证会后几小时内发表的讲话中，他都表示，对于已发生的一切事故，无论是假新闻传播还是干扰总统选举，无论是对用户隐私处理不当还是延迟公开数据泄露情况，在所发生的这一切事故中脸书都没有采取足够的措施。

一些评论家抨击称，匪夷所思之处在于，听证会上的大部分时间内，欧洲议会议员与扎克伯格都在谈论脸书未来发展的一般性问题，并没有要求他提供关于确保用户隐私安全的详细计划，而欧盟部分代表对听证会甚至表示基本满意。为了与首席执行官扎克伯格在美国和欧洲的承诺保持一致，脸书开始在一些主要报纸上刊登整版广告，承诺网站未来将保证更高的透明度和安全性。作为我们这个时代的伟大企业家，扎克伯格被迫向机构和公民致歉的媒体事件成为媒体和公众的主要聚焦点，而听证会本身的结果却没有引发过多关注。

自网站成立以来，脸书和各大社交媒体平台的发展始终基于"我们连接世界"的信条。这一全新的理念背后所隐藏的信息是，脸书掌握的网络技术是一股积极力量，正在发挥重要而值得称赞的社会作用；并且，脸书和其他社交媒体的用户正处在技术进步和人际联结的最前沿。在美国各主流社交网络的文化中从来没有"责任感"一词。长期以来，以记者为首的绝大多数"舆论领袖"纷纷臣服于这一网络新势力，这也进一步助长了这样的想法：社交媒体世界的一切都是正面的，绝不可能产生负面事件。但在剑桥分析公司案曝光后，公众态度迅速发生了巨大转变。

尽管脸书发起了推广和宣传活动，反复致歉并承诺将对用户个人数据保护给予高度重视，但公众对此做出的反应表明，该社交网站远未恢复到事发之前的状态。事实上，脸书面临着一场切实的企业危机，这是自它成立以来，也是在成为硅谷宠儿以来所面临的首场危机。脸书与其他几家科技巨头的关系也逐渐显示出削弱迹象。而这中间，对脸书进行最激烈、最恶毒的抨击恰恰来自几位曾经和脸书共荣之人，而这一现象对于深谙"人类史的讽刺"的人来说，毫不足奇。

布莱恩·阿克顿（Brian Acton）对该事件的反应值得一提。阿克顿被视作社交媒体领域最重要的人物之一。2014年，他以190亿美元"低价"将他一手创造的WhatsApp卖给了脸书，然而这并没有阻挡他在丑闻事发后发起的支持"删除脸书"（deletefacebook）运动。据《纽约时报》报道，短短几小时内，他发的言论在推特上获得一万次转发量。同样，脸书"点赞"按钮的发明人贾斯汀·罗森斯坦（Justin Rosenstein）因为这一项创新所产生的巨额资金而发家致富。事发后，他第一时间在公开场合表示已经将该软件从自己的手机上删除，之后还发布了反对社交媒体的声明，将社交媒体称为对民众进行心理操纵的工具。而脸书公司高管桑迪·帕拉基拉斯（Sandy Parakilas）表示："扎克伯格必须为公司的疏忽负责。"

无数用户决定弃用脸书平台，《纽约时报》发表了他们对此的评论：许多人感到像被朋友背叛了一样；其他人则简单表明，如果脸书被证明并不可靠，那还有其他沟通方式。

这些用户的共同感受是，得知个人数据可能不是与朋友分享，而是被泄露给陌生人甚至对手，他们深感尴尬。

接连攻击

显而易见的是，当脸书和各社交网站涉及个人数据安全问题时，公众能了解的情况在这场持续进行的战役中只占一小部分。事实是，受人瞩目的只有那些取得成功的攻击，而有更多失败的尝试并不为人所知。

脸书在 2018 年 9 月承认自己成为一次黑客攻击的新目标，涉及 5000 万用户资料泄露。马克·扎克伯格和脸书高级主管盖伊·罗森（Guy Rosen）向国际媒体指出，美国联邦调查局正在调查此事，但尚无法确定攻击者身份和来源。

这是该社交媒体巨头遭受的另一个"炮弹"，使其本就饱受质疑的用户安全性再受重创。剑桥分析公司前计算机科学家克里斯托弗·怀利（Christopher Wylie）是最早爆出脸书 - 剑桥分析公司丑闻的人之一。他明确表示，如果仅仅建议用户修改自己的脸书密码，无用程度相当于建议在一架即将坠毁的飞机上给乘客系上安全带。

假新闻

除了隐私问题，虚假新闻是脸书丑闻中引起广泛公众舆论的另一个元素。除了社交媒体内部工作人员、政治观察家、犯罪学家和社会学家以外，心理学家也可能对此话题感兴趣，因为这涉及人性，尤其是关于"诽谤的价值"。有一部分虚假新闻的幕后始作俑者可能是俄罗斯黑客，或者某个人物的狂热支持者，但有时也只是人们在水中投下一块石头，看看会产生怎样的涟漪。

正如我们所见，2016年11月美国总统选举之后、远在剑桥分析公司案件爆发之前，美国公众已经开始思考普遍的社交媒体对大选结果所产生的影响，特别是其中有几个社交平台发挥了更重要的作用。我们现在回到这个话题，对社交媒体在总统大选中所扮演的角色进行深入分析，但事实上，下文内容也将再次印证前文已经表述的观点。

根据《纽约时报》的一篇报道，在2017年秋季的一次美国国会委员会上，一些社交媒体公司的高管作证，确认有数量不详的俄罗斯特工开展了多项网络活动，旨在在美国公民中间营造冲突气氛。具体而言，根据他们的证词，俄罗斯特工在脸书上发布的煽动性帖子的点击数高达1.26亿次，在推特上发布了超过 13.1 万条信息，并在油管上传了 1000 多段视频。脸书高管还表示，公司接受调查后确定至少有价值为 10 万美元、约 3000 条挑衅广告是由俄罗斯互联网研究机构出资发布的。据当时的脸书首席安全官亚历克斯·斯塔莫斯（Alex Stamos）称，这些广告由 470 多个账户委托制作，这些账户后被证实为虚假账户。斯塔莫斯补充道，另外还有制作成本至少 5 万美元的 2200 个广告，可能也与该行动有关。脸书高管的报告还显示，众多社交媒体用户——其中可能包括众多俄罗斯"巨魔"——利用脸书发布关于希拉里·克林顿的负面甚至侮辱性评论。此外，除了播出付费广告外，还有 8 万个旨在营造不和谐氛围的带有分裂性内容的帖子被上传至网络，有 2900 万人观看。

如果情况属实、数字真实，那么从时间框架和所涉及的人力、财政资源来看，这是一次大规模行动，旨在推动美国人在紧迫的重要社会问题上产生分歧。据支持该论点的分析家称，用于制造不和谐的备选话题多种多样，但其中受到最多讨论的无疑是种族分歧问题。无论是警察被指控对黑人嫌疑人无端施暴事件，还是特朗普总统颇受争议的移民政策，都引发了激烈争论。简而言之，内部权威人士认为，对于煽动者来说，最重要的是创造出一种从争议走向强硬对峙的论战，并引导公众舆论转向愈加激进对立的立场。

麻省理工学院的研究人员在2018年发表的一项研究结果表明，2006年至2017年社交媒体上的虚假新闻比真实新闻"传播速度更快、范围更广、程度更深"。与此前的相关研究相比，麻省理工学院的这份报告基于对推特新闻传播情况超过十年的观察，广泛涵盖了政治、商业、新闻、科学、技术等主题，从而成为最全面、涵盖面最广的研究。麻省理工学院监测了大约12.6万条新闻，结论是虚假消息比真实故事更容易在推特上被转发。真新闻的转发量鲜少超过1000，但百分之一的假新闻能达到1000～10万次的转发。一篇真实故事目标受众达到1500名的耗时是一篇虚假报道的6倍。可以开玩笑地说，如果麻省理工的研究人员研究了吉奥阿基诺·罗西尼（Gioachino Rossini）的《塞维利亚的理发师》（*Barbiere di Siviglia*）中的咏叹调《诽谤之词是微风》（*La calunnia è un venticello*）的歌词，他们或许可以节省些时间了。

该研究负责人之一、麻省理工学院教授西南·阿拉尔（Sinan Aral）说："（这个）研究让我们意识到，（虚假新闻）真正的罪魁祸首不是机器而是我们人类，这多少有点令人沮丧。"该研究小组没有明确提出应采取的纠正措施，但结论很明显：与看起来正常、符合预期的事物相比，那些超出常规、出人意料甚至怪异另类的事物能对人们产生更强烈的吸引力。如果把这个假设作为规则，所产生的结果就是我们面对的现状。我们注意到，这个结论并非要等到社交媒体诞生才能得出，自古以来小道消息所采用的就是这样的规则。

2018 年夏天，《华盛顿邮报》报道称，脸书已经开始对用户的可信度进行评级，用户在不知情的情况下对个别新闻报道做出评价和表达评论都成为评级的标准。这家社交媒体公司承认已经开始应用这一程序，并解释说这是公司限制假新闻传播的战略组成部分。评级分数从 0 到 1，精确到小数。脸书的反虚假信息小组负责人泰莎·里昂（Tessa Lyons）做出解释："0 到 1 系统并不代表用户信誉的绝对指标，而是作为脸书确定平台风险的一系列指标之一。"里昂举了一个例子来说明这个系统的运作方式："如果一名用户举报了一篇虚假文章，且这篇文章最终确被证明为假，那么这名用户未来做出的举报将获得更高重视；相比之下，那些不分青红皂白将包括真新闻在内的一众文章标记为假的用户，其信任度则相对较低。"这位脸书高管还补充道，这种方法可以帮助区分网络上的正确和错误行为。事实上，社交媒体分析师证实，许多用户仅仅因为不赞同某条新闻的观点，或反对某位编辑或记者，就会将该报道标记为假新闻。虽然一些观察家赞同这一举措可能有助于限制假新闻传播，但其他评论家对应用该方法表示担忧，因为这一方面也代表了系统对用户的监控日益升级。有观点认为，在当前和未来一段时间内，由算法支撑的评价体系或将造成对个体用户的歧视现象，并且无论如何都会生成关于用户的额外信息，且该信息的采用未经用户本人同意。

社交动乱

在本章的最后值得一提的是，社交媒体的使用多年来已被证实对实现政治目标具有重要意义。最引人注目的例子发生在"阿拉伯之春"时期的埃及，社交媒体的力量推翻了整个北非地区的政权。埃及总统胡斯尼·穆巴拉克（Hosni Mubarak）一直是埃及政治生活的核心，在其长达 30 年的统治期间，他始终保持着不容置疑的权威。埃及社会中下层阶级对他所领导的政权积累了长期深刻的不满，导致不少地区准备起义反抗。多年以来，警察的暴行、被操纵的选举、层出不穷的腐败事件，以及年轻人在经济和教育上面临的晦暗前景，再加上缺乏言论自由，种种因素最终构成了一个成员性质各异但立场统一的反政府阵营。

2011 年，埃及政府意识到民间不满情绪日益高涨，但仍然决定以镇压手段平息民愤。在此之前，大规模逮捕和相关恐吓行为曾取得良好成效，但此次收效甚微，原因在于叛乱阵线过于广泛。在年轻人的领导下，埃及人展开了一系列大规模示威活动抗议政府，埃及政府完全无力招架。2011年1月25日，解放广场的示威活动达到高潮，有超过5万名示威者参加。据国际分析人士称，埃及警方和情报部门完全低估了社交媒体在组织示威活动中发挥的巨大作用，它为制造传播异议和组织成员快速安全地建立沟通提供了有利平台。

除了这一事件以外，社交媒体在未来干预其他国家的政治生活和重大商业竞争中也将发挥显著作用。众多个体、小型企业以及许多大型和超大型企业都将围绕如何影响公民和消费者选择而展开活动。因此，我们有必要应用信息安全三要素的一些常识，来保障个人信息安全，以及对脸书、推特及其他社交媒体上的好友进行筛选。通过打乱信息安全三要素概念的顺序，我们可以对访问权限进行设置，这样我们可以在不放弃使用喜爱的网络平台的前提下，对敏感数据产生更深刻的认识，并找到最佳的数据保护方式。

如果一切正如德里克·德克霍夫所说，由数据产生的权力将属于那些拥有和管理数据的数据机构，是否意味着我们注定要放弃个体权利？我们是否将屈服于最强者的力量？对此，这位加拿大社会学家认为，事实并非如此。面对 Linkiesta 记者的提问，德克霍夫教授的回答给我们带来了一些希望："我意识到扎克伯格以道德之名，强行施加了他个人对正义和公平的标准。这的确是一种发展的可能性。但在我看来，这不会是最终的结局。我们正在走向一个没有更多统治者的世界，算法将成为普通商品。只要扎克伯格愿意，还是可以继续把他个人推崇的道德原则和真理强加于人，但无论现在还是将来，社交网络始终是一个体现批判性思维的场所。"

第八章　网络风险管理

Q

某个星期一，保罗一走进办公室就暗暗感到，这一周将不同寻常。自他创办这家进出口公司迄今已有 20 年。这 20 年间，他和妹妹乔治亚一起拼尽全力将他们父亲的一间小小的咨询办公室转变为一家真正的公司。目前，公司共有 100 多名员工，在意大利的罗马、米兰、卡塔尼亚，荷兰鹿特丹都设有办事处。当他一走进公司，已经跟了他 5 年的助手米尔维娅给了他一个大大的微笑，但从她的表情中，保罗察觉出一些异样。

　　"我现在必须和你谈谈。"米尔维娅跟着他走进办公室，厉声问道，"你今天早上用手机上网了吗？"

　　他没有。他很晚起床，喝了杯咖啡就来公司了。

　　"你最好没有，我不太清楚具体发生了什么事，但你最好没有用手机上网。"

保罗不解地看着她:"我说,到底发生了什么事?"

"你打开电脑看看。"米尔维娅回答。

保罗打开电脑等候,只见屏幕变成了蓝色,然后就什么都没有了。

"我们所有人的电脑都这样,死机了。我已经打电话给乔万尼,他正在试图弄清楚到底发生了什么,他也给卢卡打了电话。"米尔维娅说。

乔万尼是公司最优秀的信息员,他在外部信息顾问卢卡的协助下负责公司的整个网络系统的维护。

保罗突然感到害怕。这种情况他在书中读到过,在电影里看到过:它可能比单纯的计算机服务瞬间中断要严重得多,这可能是一场噩梦的开始。

我们以小说式的描述开启了这一章。在本章中,我们希望能够给公司总裁保罗和公司的信息安全负责人乔万尼提供一些实用的见解。本章所讨论的网络风险管理的概念,被划分在普遍风险管理概念之下,但拥有非常具体的程序。

众所周知,风险是日常生活的组成部分。一家公司在启动某个新项目前,会被要求起草一份可行性方案,方案包括指出该项目中的灰色风险区域。如果这是一家大型企业,还需要在方案中明确生产、采购及营销方面的真实风险。这意味着,无论是私人还是公共组织都必须意识到,每个项目和活动中都存在可能转化为客观危险的潜在风险。这些风险必须事先得到明确，并且准备好应对方案。网络安全同样如此，但很多管理者没有树立起这种意识。网络风险是一个无须赘述的客观现实，也因此产生了对网络安全服务日益增长的需求。这种需求的增长与网络空间的扩展和技术更新同步发生。

存在威胁的网络环境为政府和企业带来了多重风险，并可能造成极度严重的后果。而在深入探讨如何减少此类危险之前，有必要先对网络威胁的产生背景进行介绍。

威胁的源头

网络威胁从何而来？根据一些英国专家的说法，最常见的威胁来源有八类，我们将分别做简单介绍。

黑客活动分子：一般来说，这类黑客的目标是大型网站而非个人。其动机往往源于他们所支持的事业，可能包括政治、宗教、社会，甚至金融等因素。盗取信息并不是大多数黑客活跃分子的主要动机。

孤狼：顾名思义，这些人往往单独行动，且在年轻时就开始从事黑客活动，通过网络聊天室和博客学习黑客技术和策略。随着时间的推移，他们的攻击目标可能会发生变化，目标包括政治组织、机构和公司。

调查记者：新闻自由是民主制度的重要组成部分。无论在何处、无论报道的是政府还是公司事件，那些勇于诚实揭露腐败现象的记者都应得到最大尊重。但如今的新闻业出现了完全违背这一职业道德的活动：一些记者通过信息技术手段从事非法间谍活动，黑进政治家和名人的语音信息和电子邮件。英国的几个案例表明了这类行动所具有的高度破坏性。

低级犯罪：这些黑客的目标群体通常是个人或小型企业，经济利益是他们的唯一作案动机。他们有时为第三方提供黑客服务以获取报酬。目前，这类犯罪呈不断增长的趋势。

有组织犯罪：来自意大利、俄罗斯、美国和日本的犯罪家族都目标一致——赚钱。有组织犯罪团体除了从事传统行业，近年来为了获取更大的经济利益，开始表现出对高端行业（如金融业）的兴趣，近期还加入了开展网络攻击的大军。重要的是，有组织犯罪团体所实施的网络攻击数量无法得到具体量化。由于被查风险极低、获利可观，因此越来越多的有组织犯罪集团开始不断挖掘网络攻击的潜力。这一事实也在欧洲刑警组织（Europol）关于意大利犯罪组织的报告中得到印证。在这篇题为《威胁评估：意大利有组织犯罪》的报告中，强调了互联网的使用给意大利公共和私营部门带来益处，还提道："有组织犯罪集团也能利用网络开展高利润的准合法活动和服务。获利轻松、监管力度小、可匿名操作，网络犯罪的这几个特性对意大利有组织犯罪形成了不可抗拒的吸引力。"

恐怖分子：事实证明，互联网是招募"圣战分子"的一个非常实用的工具，成千上万的外国战斗人员由此加入了极端组织。网络平台还可以用于远程教授制造炸弹或开展恐怖袭击。当然，这些活动大多是在暗网上进行。

工作人员或内部人士：网络攻击可能来自内部而非外部。例如美国国家安全局案件中，正是内部特工爱德华·斯诺登一举直击要害。该案例证实了攻击整个体系的网络威胁可能来自内部。即便抛开斯诺登案这类高级别事件来说，也有必要强调，如果内部工作人员没有采取最基本的网络安全措施，例如更改密码以保护系统访问，无论这种疏忽是有意还是无意，都将损害所在组织的利益。

供应链：世界各地的大型企业拥有成百上千家供应商，从供应商处采购所需零部件和服务，其销售网络也是如此。这些不断保持互动的广泛采购行为大多通过互联网进行，由此构成公司计算机系统遭病毒感染的切实风险。例如，一台位于亚洲地区的计算机感染病毒后，轻易就能将病毒传播给其位于欧洲或美国的客户。

私人责任

在这样一幅清晰而宏大的背景下，网络攻击的目标可能是我们工作所在的公司和公共机构，也可能是个人和家庭。对此，我们应当准备好应对措施。通常而言，我们倾向于将受影响程度降到最低，并且在意识到可能存在风险的情况下，个体还是会习惯于继续坚持自己的道路，这或许是人类的共通点。私营公司和公共机构由个体员工构成，因此我们必须意识到，过于乐观和轻松的态度会导致严重后果，在这些负面影响中有一部分甚至具有毁灭性。

在黑客事件中，哪怕主要受害方既不是我们个人也不是我们所在的机构，我们或许只受到了连带影响，但仍然会给我们的工作和生活带来财产或声誉上的损害。然而，有一个不可避免的不幸事实是，我们无法将自己与各种形式的网络入侵风险完全隔离。接受了这一现实后，无论是公共机构、私营企业还是个体员工，所能做的只有采取行动，做好最佳和最有效的预防措施来应对各类网络攻击。对某些特殊领域的私营企业来说，如银行和保险公司，风险管理的概念早已确立，远非新鲜事物。这些企业将大量人力和财政资源投入对商业活动固有风险的评估工作中。比如，银行向财务状况良好的客户发放贷款的速度远远快于向资产负债表不稳定的客户放贷。这种操作非常普遍，在信贷机构对客户担保的信任度很高的情况下，无须开展进一步调查以评估交易风险。银行工作人员明白，发放贷款是他们的本职工作，但与此同时也担负着资本流失的风险。

不幸的是，在网络风险管理方面，公司的决策层，无论是首席执行官还是网络安全经理，如今都面临着他们无法知道其类型的新威胁。网络风险管理在本质上与单纯的风险管理完全不同。正如我们所看到的，网络威胁可能来自具有不同特征和目标的黑客群体，包括有组织犯罪集团、恐怖组织、外国情报机构等。这个全新的现实不仅令人困惑，更令人恐惧，我们撰写本书的初衷之一，正是让大家了解如何更好地保护信息安全。

风险管理

可以说，计算机安全的基本原则是风险管理，包含了风险识别、评估和应对的动态过程，其目的是避免或至少减轻网络攻击所造成的资源损失，无论是信息或财务数据，还是声誉和形象。

让我们从一点出发：网络威胁通常试图利用某个领域的

脆弱性，从而对机构造成损失，无论损失类型为何。因此，当网络风险管理的负责人在判断哪些信息存在风险时，先要对资源的价值进行双重评估：第一项主观评估，考量包括数据在内的各类资源对本机构的重要性层级；第二项客观评估，衡量本机构的各类资源对外部代理人所具有的价值。结合这两项评估结果，就能厘清哪些资源存在风险。

风险管理过程的第一阶段是了解受保护实体的运作环境，从而采取和实施相应策略。无论公立还是私立机构，这项决策都应由所在机构的最高层制定。

风险管理过程的第二阶段包含三个独立但密切相关的要素：风险识别、风险分析和风险评估。

第一要素是风险识别。风险识别是识别资产的过程，判断该资产对组织机构的价值，进而对该资产丢失或受损后可能产生的影响做出评估。我们认为，应当严格执行此环节，对所在组织所有领域的资源实施评估，这一点至关重要。这个环节应该在最高管理层指导下进行，或至少时刻与最高管理层共同跟进。如果将所有资源的信息管理任务委托给单独一个实体，例如IT部门，听上去的确很高效。但必须考虑的问题是，随着时间的推移，IT部门可能在名义上成为该机构大量资源的管理者，实质上却不具备任何直接控制权。因此，尽管风险识别在理论上属于IT

部门的工作范畴，但每项资产的价值考量必须由使用该资源的最高管理层做出决定。

一旦明确了哪些资源应受保护，下一步需要考虑哪些因素会造成威胁。风险管理者应就关于网络的一系列问题进行自问，从而确定行动方案。例如，网络攻击的猛烈程度，是否会反复进行，黑客需要投入多少资源进行攻击，组织内部受影响人员和部门数量，预判攻击的难度有多大，以及攻击发生后多久补救措施能到位。

上述每一个问题都能找到可量化的答案，综合考虑后就能为潜在威胁的严重程度提供一个可靠指标。显然，这需要依靠机构的综合管理部门对每一个被评估因素进行深度考量，从而决定每项资源的风险值，以便管理层做出最后评估。除此以外，重要的是要确保该流程至少每六个月进行一次并更新。

需要再次强调，任何政府部门或企业都不可能对潜在网络攻击类型做出精准且充分的预判。因此，每个组织机构的最高管理层必须明确优先保护项，并对破坏程度最高的潜在攻击做好最佳防御。

第二要素是风险分析。一旦确定了最初的风险，我们就可以将注意力转移到对攻击成功率的详细评估上，并结合其影响编制一个风险矩阵。该方案旨在列举所有已识别风险，有助于我们制定一个优先项保护清单。

风险矩阵可以成为风险管理战略中的另一个有效工具。例如，在一个坐标轴上，我们可以在一条轴线上对某一事件的可能性进行评估（非常不可能、不可能、可能、很可能和非常可能），在另一条轴线上评估该事件的影响或后果（可忽略、轻微、中等、重要、至关重要）。因此，在给这些项目分配了相对值之后，我们可以继续发展风险矩阵模型。

第三要素是风险评估。根据风险矩阵显示的结果，我们可以做出最重要的决定，即我们计划如何处理被判定为最紧迫的风险。

大多数专家已经确定了评估和处理风险的四种方法。

规避风险：简单来说，包括停止任何可能导致危险的活动或策略。但这带来了明显的问题和后果，因为这意味着必须放弃一项资产或活动。在大多数情况下，这显然不是一个可接受的选项。

风险分担：如果风险无法规避，那么可以与第三方共同承担。显著的例子是保险。越来越多的保险公司正在启动各种网络保险方案，以防数据泄露或其他黑客攻击。保险公司一直对火灾、天气、盗窃和其他偶发事件造成的损害进行保险。针对网络攻击的保险产品相对较新，因此保险公司在这条路上走得非常谨慎。由于信息科技行业非常复杂，风险评估难度高，保险公司和经纪人都对此持观望态度。

降低风险： 该方案包括努力尝试降低遭受攻击的可能性及减轻可能造成的后果。它不一定能确保该组织机构在面对有备而来的黑客时能安然无虞，但通过一系列内部行动和网络安全标准的应用，整体风险可以大大降低。

接受风险： 最后一个选项是接受对风险的承担。如果该风险被评估为绝对无可规避，或者攻击带来的影响小至可以忽略不计，那么这一选项是可接受的。这一做法是有意识的选择，而不是忽视危险。当然，这一选择存在明显风险，因为眼下认为无可规避的威胁，可能随着时间的推移而发生重大变化。因此，对于任何选择接受风险的方案，必须进行定期审查。这一选项的赌注很高，任何误判都可能造成极恶劣的后果。

风险降低方案

评估阶段的结束，仅仅是在网络风险管理进度里完成了一半，在这之后可以展开制定风险降低方案。风险降低方案的制定具有重要价值，它与网络风险管理的其他方面一样，应该得到高级管理层的大力支持，以便该机构各个层面的成员都能完全接受和应用。在制定单独的风险降低方案之初，就应当对以下因素进行思考，因为它们会影响方案的设计。需要再次强调的是，这些设计步骤对公立和私立机构都具有参考价值。

文化氛围：机构的最高管理层必须发挥个人的作用，号召机构各个层面的每个员工都参与进来。管理层必须以积极的态度向员工介绍风险降低方案，并将该方案视为对机构不可或缺的组成部分。每位员工都必须拥有对IT安全的自我责任感，不能抱有事不关己的态度，那是对安全实践重要性的低估。

信息分享：出于谨慎考虑，领导层会对机构中的某些方面和事项有所保留，不对所有员工透露。在尊重这种想法的同时，我们也必须明确信息安全的重要性。我们应遵循的总体原则是，信息安全的保障是整个团队的共同任务，每位员工必须担负自己的角色和责任。

优先事项：每个机构都必须制定预算和进行人员配置。一旦根据遭攻击概率、预计遭受损失和恢复所需时间进行评估、确定优先事项后，就应当确保有足够的资源进行支持。

复原力：百分之百防御网络攻击是不现实的，因此，机构应努力确保在遭遇重大攻击后依然能保持生产活动的连续性。这一点我们将在后文详述。

速度：一旦遭遇攻击，实施快速有效的应对措施可以将网络攻击的负面影响降至最低。只有当机构事先做好准备，通过实施降低影响的做法对攻击进行一定程度的抵御后，才能保证应对快速有效。

威胁分析：网络攻击种类多样且持续变化。机构应制定相应程序进行自动化更新，才能跟上黑客活动的最新发展。

安全措施：应当提醒机构的全体成员树立最基本的"网络卫生"意识，并传授相应的知识，做到例如定期更换密码等。

机构做好规划和准备至关重要，但这仍不足以帮助其制定全面的网络风险降低方案。网络攻击一旦得逞就会引发各种具体问题，因此受害机构应事先准备好应对方案。这些应对措施被称为"连续性业务"。

在深入研究这些方面之前，有必要重点分析两起事件，从中可以体现有效的风险降低政策和妥善良好的规划对防止网络攻击所起到的重要作用。

沙特阿拉伯国家石油公司

沙特阿拉伯国家石油公司（简称"沙特阿美"）是世界上规模最大、实力最为强劲的公司之一。它是沙特阿拉伯经济的支柱，其原油产量约占全球总产量的10%。2012年8月，在斋月即将结束之际，也就是许多沙特阿拉伯工人仍处于放假期间，一次网络攻击影响了沙特阿美的业务运营。该公司的一名操作员无意中打开了一封带有恶意软件的电子邮件，这个简单的动作触发了对整个公司系统的大规模攻击。数百台计算机开始出现异常：文件逐渐消失。根据公司自身的说法，约有 3 万个工作站受影响，使该案件成为史上最巨大和最成功的黑客攻击之一。

3 万个工作站瞬间瘫痪对整个沙特阿美的业务运作造成了严重影响。员工们一开始手足无措，但后来决定尝试将所有电脑断开网络连接，以限制病毒传播。由于无法使用电子邮件，沙特阿美的管理人员决定使用打字机来制作报告，并使用传真来发送文件。石油生产没有停止，但与运输、供应管理和商业合同有关的所有业务都被冻结。在中东、欧洲和非洲的外围办事处也遭遇了重大运营挑战。

一个此前不为人知的自称"正义之剑"（Cutting Sword of Justice）的组织声称对这次袭击负责，表示其动机是为了曝光世界各国的犯罪和暴行。在此声明中，黑客对沙特王室做出尤为严厉的批评。在遭攻击后，整个恢复期，即恢复到令人满意的业务正常状态，耗时约为 10 天，但直到 5 个月后才恢复全部运作效率。一位金融专家表示，此类拖延足以让世界上大多数公司破产，沙特阿美石油公司只因拥有强大财务实力才有能力幸存下来。

沙特阿美的管理人员试图重建受损硬盘以恢复数据。然而，计算机事先设定的优先项目是加速恢复系统功能，而恢复受损硬盘的速度太慢，并且也无法确保受损硬盘能成功恢复。因此，沙特人决定向东南亚的几个国家派出采购小组，购买尽可能多的新硬盘。在之后几个月里，约有5万块硬盘被购买并运到了沙特阿美。为了保证这批数量巨大的订单能优先交付，沙特阿美还向其亚洲制造商支付了一笔附加费用。这一激增的订单需求还对全球硬盘价格造成影响，该影响持续了约一年半。

遭遇此攻击，并非由于沙特阿美高管的疏忽，因为他们在此前已经投入大量资金升级控制系统，如果他们没有采取这一措施，此次攻击所造成的后果可能会更恶劣。虽然无法了解具体情况，但足以见得，黑客只需发送一封受病毒感染的电子邮件就能造成灾难性后果，一旦生产运营也受到影响，那将对全球经济造成重大影响。

专家们对此事意见不一。部分人认为，沙特阿美具备能力并且应该为此类攻击做好更充足的准备；而另一些人认为，攻击初期遭受的损失无法规避。所有人都达成共识的是，该案例揭示了对风险降低方案做出规划的重要性，不仅需要防止黑客行动，而且要提前准备好应对措施。

索尼集团

我们的第二个案例研究涉及索尼集团。这个案例已经在前文介绍过，但此处将以不同的角度再次进行分析，即网络风险管理。让我们对事件进行简单回顾：2014 年 11 月，一群黑客攻击了索尼影业的计算机系统，目的是打击报复一部被认为对朝鲜不敬的电影。此次攻击不仅造成公司操作系统遭破坏，而且大量关于电影主演的隐私信息被盗。事实上，索尼影业遭受的最大打击不在于经济损失，而是公司形象和可信度。索尼公司高管采取的应对方式造成了灾难性后果，这清楚地表明他们此前从未对类似风险有过思考。他们起初屈从于勒索，停止向电影院发送涉事电影；而在后续与联邦警察的冲突中，他们开始试图确定黑客身份，或至少阻止被盗信息的进一步传播。

总共有超过 3000 台电脑和 800 台服务器被损坏或摧毁，但对索尼影业来说，最严重的后果必然是另一种情况。在此之前好莱坞在很大程度上对计算机安全问题不予重视，这种漠不关心的态度直接导致了索尼影业高管在事发时乱如麻的反应。遭黑客窃取并随后公开的备忘录和文件中，一部分来自索尼影业联席董事长艾米·帕斯卡尔，文件中透露了她对公司其他高管以及与索尼影业相关的演员、制片人和导演的评价信息。在该事件后，帕斯卡尔被迫辞职。

在这次经历之后，索尼影业的高管们显然为没有制定信息保护计划追悔莫及，而造成的损失——再次强调——不仅仅是经济上的，更是形象上的。声誉一旦受损，就很难再修复。专家们一致认为，这是一个典型案例，展现了大型公司低估网络入侵的危险所造成的损害。

连续性业务

索尼影业肯定不是唯一一个没有进行可靠防御的大型公司，因为建立防御机制需要大量财政投资和专业人力资源的支持。事实上，有许多公司还没有制定连续性业务方案。理想情况下，连续性业务方案包含两个主要内容：一是预防，旨在限制所受威胁的可能性；二是应对，旨在尽可能迅速稳定机构在攻击后出现的混乱局面。大多数情况下，对所受损害的持续时间做出的评估可以为我们如何采取应对措施予以宝贵指示。

如果攻击持续数秒至数分钟，可以称其为"短期"攻击。如果受"短期"攻击的系统已有完善的保护，那么问题应该能得到自行解决。

如果经过评估和核实，攻击的影响持续了几个小时到大半天，这就是在处理一个"事件"了。在这种情况下，如果有合格人员直接干预最为合适。

如果影响持续几天或更长时间，机构就处于"危机"之中。在这种情况下，计划和培训开始变得至关重要。安保人员有必要单独为每个危机的实际情况做好具体准备。因为即使准备充分，也不意味着足够应对威胁。

当一次攻击的影响可能延续数周时，我们可以使用"灾难"一词。显然，这对机构产生的影响可能是深远的，因此机构内部所有相关部门都必须参与管理。除了坚守一线的IT部门外，会计和营销部门也必须参与其中。这是一个牵连整个系统的真正意义上的紧急状况。因此无论是私营还是公立机构，都必须将所有部门作为整体来考虑。

在特殊情况下（如之前分析的2012年沙特阿美石油公司案例），受灾情况可持续几个月，这意味着我们面临的是一场"灭顶之灾"，其后果可能超出受直接影响的机构的可承受范围。这就是为什么其他外部行为者，如专业公司和警察部队，也会参与到补救过程中。

灾后修复

"连续性业务"一词很好地描述了采取方案帮助计算机从严重攻击（如灾难）中尽可能恢复的目的。连续性业务计划的一个重要组成部分是灾后修复，它包括恢复所有必要的技术措施以稳定计算机系统。

一些机构往往将灾后修复计划与安全修复计划混为一谈。这一混淆不难理解，在某种程度上也是符合逻辑的，因为二者确有重叠。事实上，两个计划的目的都是通过应用一些程序来恢复系统功能和正常运作，从而将不利事件的影响降到最低。但二者也有显著区别，因为安全修复计划涉及信息资产的基本保护，而灾后修复计划必须置于连续性业务计划的背景下，且连续性业务计划设有具体要求，如详细分析问题的根本原因和收集证据。对于受影响的机构来说，成功实施其连续性业务计划是最重要的一点。正如其名，该计划确保了业务进行的连续性。不幸的是，根据咨询公司普华永道（PwC）2016年的一项调查，只有大约一半的私营企业真正制定了风险降低方案。

让我们回到本章开头，设身处地地想一想，故事情境中的企业家是一家中小型公司的负责人，他发现自己公司的计算机系统受到了网络攻击。一旦紧急情况得到解决，我们会建议对网络风险管理情况进行评估，并制定一个包含有效的连续性业务计划的风险降低方案。可惜的是，正如我们所见，即便是再严密的防御，也总会有坚持不懈的或走运的黑客得以成功实施网络犯罪。因此，我们的建议之一是退回到风险评估阶段进行考量。

关于前述的分担风险，我们提到了购买保险，这是一条切实可行的防御路线。

对于保险业来说，这无疑仍然是一个全新的、在某些方面尚具实验性的领域。2016 年，美国的互联网保险费用总计约为 30 亿美元，乍听之下金额很高，但同年美国汽车保险费达到了 2000 亿美元。但无论如何，该行业都在快速发展中。事实上，近年来网络保险的增长率每年都达到 30%。美国国际集团（AIG）、伦敦的劳合社（Lloyd's）等主要保险公司都提供互联网保险产品，但由于该领域充满复杂性，市场上尚未能统一标准。但显然，一些框架正在逐步形成，例如要求被保险的公司仍然对自身的 IT 系统具备基本控制和掌握流程。目前，网络保险政策中保险范围一般涵盖了在数据盗窃（尤其是敏感的客户信息，如社会安全号码、信用卡号码、账户号码和健康数据）情况下的公司责任，也可能涵盖相关法律费用。一些保险服务通过提供法律支持、建议和具体援助来解决公司机构所承受的信用和形象损失，以恢复个人和企业声誉。这种支持具有重要意义，可能决定着一个公司的生死存亡。

随着互联网行业的发展，这类专门的保险业务市场必然会进一步扩大。目前互联网行业仍然缺少积累多年的数据便于我们进行评估和分析（尤其是相比其他领域的保险业务，例如，在某一大城市中发生的事故或被盗的汽车数量）。但可以肯定的是，这是一个不断发展的市场，只不过其未来的发展轮廓尚不清晰。

总之，我们必须注意到互联网风险管理是如何成为互联网迷宫的一个关键点，并祈祷保罗已经为他的公司投保。

第九章　人的因素

Q

在前几章中，我们谈到了网络空间、战争、犯罪、网络间谍活动和反间谍活动。我们也看到了在网络安全方面的商业风险有哪些。对于每一个主题，都有一个研究和讨论的共同点：人的因素在互联网迷宫中发挥的作用。我们不打算在此进行学术演讲，只是想强调人类个体如何通过行为和决定也成为网络空间世界的决定性因素之一。

网络安全不仅仅是一场控制硬件和软件的战斗，它由一系列突发事件组成，其中，人的因素的作用不容忽视，其扮演的角色或积极或消极，并且在一些情况下的确成为决定性因素。在网络迷宫中，人的因素包含所有政治事件、地缘政治、技术创新、贸易及军事冲突、跨国公司和政府机构的内部安全等各项因素共同构成的一个整体。这一点不仅体现在对该问题所开展的各项研究中，而且最先体现在业已发生的众多事件上。

掉落的糖果

让我们从所谓的人为错误开始，实际上我们可称之为人性弱点所造成的后果。这使许多专家认为，人的因素无疑是网络安全链中的一大薄弱环节。"掉落的糖果"（Candy Drop），字面意思是"掉在地上的糖果"，是目前得以成功使用的攻击系统之一。该系统正是基于人类最普世的两大弱点：好奇心和对财富的追求。所谓掉落的糖果事实上是有毒糖果。这类网络信息安全攻击也被称为"失物招领"。在实际操作中，有某个物件掉落在地上，或在停车场，或在咖啡馆或餐馆的桌子上。这个物件只不过是一个U盘而已，但对于发现它的人自然会产生一种诱惑，驱使他们无辜地自问：为什么不看看里面的内容？发明这种方法的人就是猜准了他们的受害者可能无法区分现实世界和网络世界中的正常行为，无法分辨二者之间的区别。这听起来很荒诞，但事实就是如此。比如，酒吧里有一名吸烟者，他在坐着的椅子旁发现了一包香烟和一个打火机，他随手拿起来使用，这完全没有问题；如果我们在火车座位上发现了一双漂亮的新手套，正好符合我们手的尺寸，那这种情况下，如果决定保留它们也并非不可；只有当被发现的物体是食物的时候，我们才会稍有犹豫，因为我们小时候都听过童话故事，所以我们都知道，陌生人给的苹果，或在不寻常的地点发现的苹果，可能确实有毒。但U盘显然是不能食用的。

让我们看一个最典型的"掉落的糖果"案例。

那是2008年，在中东的一个美军基地附近。一名士兵看到地上有一个U盘，于是把它捡起来。在进入军事基地办公室后，他决定打开看看里面的内容。非常不幸的是，他使用的电脑不是私人电脑，他自己那台电脑被留在了他父母位于爱荷华州的乡间别墅里，里面装着电子游戏和他女朋友的照片。他使用的恰恰是美国武装部队提供给他的、与美国中央司令部网络相连接的电脑。U盘一被插入电脑，就启动了一个恶意软件并悄悄开始传播，在扫描美军机密信息的同时，以极快的速度创建了一系列"后门"。

这一事件被认为是美国军事史上遭受的最严重的网络攻击之一，给美国计算机系统造成了毁灭性的影响。该事故除了没有任何现场直接受害者以外，其恶劣程度足以比肩重要基础设施，如港口、铁路枢纽或发电站，被空袭或导弹袭击所摧毁，可能更甚。此外，这类攻击强化了受害方的不安全感和对自身脆弱性的认识，由于担心再次暴露自己，导致采取的行动不太有效。

通过名为"Buckshot Yankee"的行动，五角大楼进行了彻底的清理行动，试图将损失最小化并恢复网络安全。这项行动持续了整整 14 个月，攻击者身份仍然无法明确，但主要的怀疑对象为俄罗斯间谍系统。无论这个计划和病毒的设计者是谁，都不得不说这是一次惊天动地的成功，它以最小的代价取得了巨大成果。即便美国从未正式公开说明有多少材料被盗或被破坏，但是单单恢复计算机系统就要耗费 14个月时间，所造成的损害可见一斑。

这一令人难以置信的事件导致华盛顿保护其计算机系统的做法发生了根本性的变化：移动硬盘在很长一段时间内被禁用，直到找到被视为绝对可靠的解决方案。

开与关

西方人倾向于一种观点，认为战争，即游击战，处于非开即关的动态。要么一切安静平和，要么我们被卷入世界某个角落的冲突，这时才会有意识保持警惕。

但是，无论是对政府还是对所有企业（尤其是跨国公司）而言，全新的现实是另一幅景象：国家间冲突不断，同时各个国家集团间持续出现争端，商业控制和间谍活动日夜无息。网络空间的全新现实正在迫使人们改变原本的态度，只有这样才能对机构的敏感数据起到保护作用。网络空间与现实世界有着截然不同的规则和节奏：网络空间中时间和距离的概念被消解，而我们却仍然对这两个概念紧追不舍。这就是为什么大多数资深分析家认为，在未来几年里，人的因素在网络安全中起的作用将越来越大。或许在未来世界，网络安全能够进入一个不同于现状的甚至更完善的状态，这也不是不可能发生。届时，国际社会或许可以通过联合国等平台达成有关协议，建立起互联网行为准则或基础法律框架，从而为网络安全法规的全球治理提供支持。理想情况下，最好可以达成一个全球共识，即每一类网络威胁都应被严厉打击。这样，局面就简单多了：犯罪分子利用互联网进行经济犯罪的计划将被挫败，对国家的网络侵略也将被一并消除。

但我们都心知肚明，这样的理想世界并不存在。我们至多能期待出现一场辩论，可能持续几年甚至几十年的辩论，其目的是建立一个国际社会可共同接受的网络行为准则。毕竟，所有国家都有属于自己的特定网络优先事项。况且，也许一些国家根本不愿意签署国际协议，更别说执行了。

一个空气泡

我们也不能忘记，世界上运转着一些大型犯罪组织，不断在有机可乘之处匍匐前进，利用任何系统的网络漏洞，只为谋取利益。另一方面，我们开始见证民主国家计划就现有的安全隐私侵犯行为做出逐一回应。第一步是对来自互联网空间的攻击威胁保持更为持续和广泛的警惕。这当然是重要而积极的一步，但目前还不足以应对接连发生的敏感数据盗窃事件，这些事件给受网络攻击影响的机构造成了巨大的经济损失和长期的低效率。

必须牢记于心的是，如果公共机构不能保护我们的机密信息，我们就必须发展其他方法进行自我保护，因为我们知道全球性解决方案并不存在：每个实体——无论是公共机构还是私人个体——都必须考虑其计算机系统的独特性，因此必须以特定方式解决其安全问题。

我们可以通过一个典型的例子对这个问题展开探讨，它集中反映了人类对于探索实质性解决方案所进行的尝试（人的因素的代表性体现）是如何给黑客创造了实现目标的可乘之机，最终让我们的努力付之东流的。

一些专业机构和专家认为，如果我们彻底"拔掉插头"并创造一个"空气间隙"，也就是在需要保护的位置周围创造一个"空气泡"，就可以确保网络安全。乍一想，在互联网和任何本地系统之间建立一个物理间距似乎是一个好主意：零电缆意味着零互动，对吗？不，错了！许多能源公司已经采用该方法来保护其计算机和基础设施系统，但事实是，时间的指针无法倒着走。一些案例已经证明，将一台计算机与互联网隔离并不足以保护它免受潜在外部攻击。间隙的确会给黑客进入系统增加难度，但只要稍做努力，这个障碍肯定可以克服。有一些具体的警告措施可以使已受间隙保护的系统进一步提高其安全性，如使用屏蔽电缆以防止无线电和磁波监测、对 USB 端口采取防护、使用 SSD 固态硬盘、使用加密代码、电脑不使用时保持关机等。然而，即使遵守了所有这些规则也不能完全保证防御密不透风。为了使用系统，就必须输入新数据，所输入的内容也可能存在风险。在互联网空间内，百分之百隔绝并不存在。从另一角度而言，即使在现实生活中，也会有人从号称绝对牢固的监狱中越狱，或成功闯入安保严密的银行金库。

经受考验的密码

人的因素在计算机数据安全问题中究竟如何发挥作用，这个问题自出现以来已得到众多研究。这些研究从社会心理学角度对网络世界进行分析，目的是更好地理解人类和技术之间的互动关系，这几乎把我们带回"控制论"和诺伯特·维纳直觉的起源。但让我们按顺序来：1991 年，两位英国研究员安·亚当斯（Anne Adams）和玛蒂娜·安吉拉·萨斯

（Martina Angela Sasse）进行了一项关于用户如何与工作系统的安全措施进行互动的相关研究。为提高用户个体责任感，有安全官员提出了不少关于系统操作的警告和建议，例如设置密码时，使用字母数字混合的字符集（即字母与数字相结合）并且对密码更换设置频繁的截止日期。但该研究表明，很多用户并不能保证良好执行。两名研究人员还遇到过这类案例：用户在创建密码时有习惯的固定模式（目的是让自己记得更牢），有时干脆在纸上写下安全密码。这使得两位研究员不免自问：为什么用户的网络安全意识如此淡薄？

这项研究在两个不同的机构分别进行，重点关注机构管理层和普通员工之间如何就密码的安全使用进行沟通。研究的出发点在于最大限度保护信息，但可笑的是，这一初衷反而会衍生新的问题。研究显示，这些机构的信息安保人员经常与员工就密码安全问题进行沟通，尽管是出于善意，但采用的方法不正确。多种情况表明，管理人员为了避免披露一些敏感数据，而没有向员工提供大量关于信息安全的信息，并且淡化其重要性，这会造成用户间对安全问题不予以重视的后果。

事实上，很多用户将专家建议的预防措施视为不必要的做法，他们认为这仅仅是为了体现企业内部某些岗位的重要性，而不是出于实际需要。简而言之，许多用户根本没有意识到采取信息安全措施的重要性。我们可以将研究的结论总结为以下几点：

a. 必须制定出安全系统，保证其高可见度（因此要将其融入组织机构的结构图中），并受到机构的重视。

b. 信息安全人员最好不是机构的外部人员，而是内部人员，并且能确保到岗办公。

c. 必须让员工意识到他们工作所在机构的计算机系统面临的现有和潜在威胁。

d. 必须让员工意识到，在应对威胁和由此产生的潜在损失时，安全系统具有重要性。如果缺乏这类意识，用户可能会认为安全机制非常枯燥和多余。

e. 应当保证机构的所有用户清楚了解计算机密码的重要性。

f. 必须让用户长期保持对安全的重要性的认知。

g. 即便并非所有信息都是敏感信息（即重要和机密的信息），但用户应该用同样的态度对待所有信息。

在我们看来，另一项值得一提的研究是在 2017 年进行的，由另一位英国研究人员、来自莱斯特的德蒙福特大学的李·哈德林顿（Lee Hadlington）展开。在一些方面，哈德林顿的研究结果是对之前研究的补充，因为他的研究针对人的性格是否会影响与网络安全的关系以及影响方式。该研究基于直觉冲动、态度、行为、依赖度等因素，向英国几家公司的 515 名员工提出了一系列问题。结果显示，网络依赖性是构成网络安全风险的一个因素，例如不重视密码安全。分析表明，员工对网络安全的积极态度与他们的直觉冲动成反比，相当多的受访者将自身与工作环境割裂开来，这或是由于自然选择，或是由于缺乏文化上的铺垫和技术背景。哈德林顿的报告进一步展现了一个更为晦暗的局面：98% 的受访者认为网络安全的责任在于管理层，而 58% 的受访者承认不知道如何保护所在公司避免网络攻击。

代沟

当然，哈德林顿说明的情况不仅涉及公司和金融界，相同问题也在许多公共机构中可见。但值得注意的是目前在公司和政府机构中许多领导人的角色特征。在包括美国在内的大多数国家，除了少数例外，大部分高级管理人员的年龄在 50 岁到 65 岁之间。他们都是非常有能力的管理人员，但不可避免的是，在他们职业生涯起步的年代，出色的网络安全意识并非要务，事实上，对他们中的许多人来说，这个问题在他们当年的工作中根本不存在。即使在 20 世纪 90 年代初，出色的网络安全意识也不是他们晋升到企业核心岗位的一个关键因素。可以这样说，在这一代商业领袖中，只有极少数人的职业生涯成长期是在网络安全已被确立为重要事项的环境中度过的，几乎所有人的职业上升都是通过市场营销、金融或商业工程来实现的。

因此是否存在代沟？或许的确存在。事实上，应当说是确凿无疑。我们不想以偏概全，但在所有机构中，做出战略选择的确实是最高层，但目前的最高层里有一部分管理者无法激发对网络安全的新愿景，但这一愿景正是当今世界迫切需要的。在一个不断变化、网络威胁日益增长的商业世界中，首席执行官和总经理的各项领导技能不再被视为可有可无的附加条件，而成为必需品。如果一位管理者对一些问题的看法不再具备时代性，便可能无法胜任具有重大责任的职位。因此，在现今的董事会或股东大会上，当机构面临一场可能给机构造成财务漏洞或敏感数据泄露，甚至是公司声誉损失的重大网络攻击时，再也不会有高管谦逊地坦承准备不足，或用薄弱模糊的说辞来回应。

责任始于高层，但也不止于高层。正因此，新一代 IT 专家需要做好准备、迎接挑战，也需要意识到他们通常得在恶劣环境中工作。拥有远见是必要的，正如许多行业研究表明，大大小小的公司对该领域专家的总需求量约有数十万。

网络安全风险投资公司（Cybersecurity Ventures）的创

始人史蒂夫·摩根（Steve Morgan）说："合格的专业人员长期短缺。"还有人凭个人经验预测，到2021年该领域将创造出数百万个工作岗位。从本质上而言，在美国和欧洲，关于网络安全方面可以并且应当彻底改变。

当美国私营部门正在努力寻找IT专家来满足日益增长的网络安全需求时，俄罗斯政府采取了不同的途径。俄罗斯为天才儿童创建了天狼星教育中心，该中心建在2014年冬奥会举办地索契。俄罗斯官员高度评价天狼星项目，称其为为所有具备超凡天赋的儿童提供科学和艺术培训的平台，从而为他们未来的职业生涯发展打下坚实基础。该项目向学生们做的宣传是，年轻的孩子们生活在四星级酒店的舒适环境中，能使用最先进的实验室，这些设备将助力他们在所选领域取得最大成功。校长叶莲娜·什梅廖娃（Elena Shmeleva）强调，学校特别重视新技术的进一步发展，并继续指出，普京总统本人密切关注学院的发展。

在欧洲，自多年前就设有欧盟网络和信息安全局（ENISA），这是负责远程信息处理的安全问题的专门机构。自2004年成立以来，安全局一直处于运转中，在希腊设有业务办事处。欧盟委员会提议强化ENISA的职能，使其成为新的欧洲互联网安全机构，新安全机构的长期任务是提高欧盟所有敏感系统的安全性能，并对侵略方国家计划采取应对措施。就专业学科培训而言，目前欧洲尚未建立普及项目，但许多大学已经开始建立专门课程。

在美国的情况呢？根据麦肯锡报告，美国 IT 工作者的平均年薪为 116000 美元，几乎是全美各大企业其他岗位年薪的 3 倍。尽管如此，IT 行业的招聘工作仍处于停滞状态。在美国，政府、私营公司和一些大学对该领域提供了支持和合作，这使得美国走上了自己的道路，建立了国家网络安全劳动力框架，旨在创建一个识别和培训网络安全相关人才的计划。然而到目前为止，现有目标的实际达成情况尚不明朗，并且还应考虑到有待解决的网络安全问题存在的多样性和复杂性。这些问题包括由间谍和反间谍、犯罪、政治、地缘政治、商业等因素组成的真正战争。所有这一切都需要有能力不断进行风险分析，并始终考虑到技术和人的因素的演变。

一种名为"特朗普"的因素

上文已经提到人的因素在网络安全各个层面具有重要性。不仅如此，一个个体的行为和态度也能产生重要影响。这个人不是普通员工或网络安全专家，而是一位名叫唐纳德·特朗普的政府公务人员。

以 2018 年初的中兴通讯（ZTE）事件为例。中兴通讯是一家成立于 1985 年的中国高科技公司，拥有约 75000 名员工。其业务主要是设计制造、组装和销售无线通信设备等科技产品（包括智能手机），相关交易国包括伊朗和朝鲜，这两个国家受到部分国家，尤其是美国的禁运。而在中兴通讯的技术组装中，有一些关键零部件进口自美国，因此为了对中兴通讯施以惩罚，当时的特朗普政府决定禁止所有美国公司向中兴通讯出售微芯片，以阻碍其生产活动。最后特朗普总统改变了想法，以 10 亿美元的高额罚款和更换董事会的要求为条件，撤销了对中兴通讯的制裁，恢复了向其供应美产高科技零部件。值得指出的是，在制裁发生后，美国企业界曾大力游说特朗普，认为切断供应将进一步推动中国在技术上的自给自足趋势，只会对美国造成不利。

此外，还有其他一些假设性发展是由个体因素——尤其是特朗普的个性——所推动的。比如，在美国财政部的带领下，美国正在暗中强化美国外国投资委员会（CIFUS）。以特朗普总统所呈现的气势而言，可以认为，该委员会的职能权利可能在他的政府带领下日益扩大，美国多方对这一假设表示认同。这对包括 IBM 在内的大型跨国公司而言，警钟正在敲响，但尚未找到一个建立协议的妥协方案。在当时，白宫尤其是唐纳德·特朗普必须先明确美国对网络安全政策的态度，才能使后续局势更为清晰。分析人士对美国总统的未来行动提出了诸多疑问：首先，他是否会对采用新一代技术的 Stuxnet 2.0 行动（即基于前文分析的伊朗行动开展第二次后续行动）开绿灯。其次，他是否计划制定一项国家网络安全政策，从而给美国开展的网络攻击行动提供前所未有的保障。其他问题涉及特朗普将如何应对旨在操纵舆论、网络间谍和网络盗窃工业项目或金融和商业机密的新型网络犯罪案例。

在本文撰写之际，特朗普政府正遭受着来自政界、商界的多重挑战，他在网络安全方面也没有给公众或美国国会做出任何建树。根据观察来看，特朗普似乎不愿意在这方面采取任何主动行动，这表明美国将延续已采取的政策：吸收攻击后做出外交回击。然而，2018 年 3 月，特朗普任命以保守派观点知名的约翰·博尔顿（John Bolton）为新一任国家安全顾问，此处可一窥新气象。博尔顿由此加入了国家安全委员会，并扮演极具影响力的角色。在分析人士看来，博尔顿的上任代表着美国网络安全的保障力度将得到加大。美军很有可能将继续使用网络武器库，来抗击中东恐怖组织等敌方势力，这和俄罗斯将网络技术纳入军事作战的思路相同。至少过去十年来，美国持续表现出这种迹象，最近一次是在奥巴马总统任期即将结束之际，时任国防部部长阿什·卡特（Ash Carter）推动国防部与硅谷建立伙伴关系，共同探索军用信息技术。在一众硅谷公司间，谷歌已经与五角大楼签订协议并开始合作开发人工智能。在当时的国防部部长兼国家安全委员会成员、鹰派詹姆斯·马蒂斯（James Mattis）的领导下，五角大楼先行的合作又能走多远？

美国国防部继续强调，其网络能力旨在保护国防计算机和所有相关网络，既要维护美国领土和国家的一切网络利益，同时又要为军队和所有相关设施提供支持。从字面上看，这些仅仅是一般性目标，对于如果美国成为重大网络攻击的受害目标，美国将如何做出艰难决定并采取何种处理方式，都没有进行详细说明。当然，这一省略或许并非有意为之。

美国 2018 年发布的《核态势评估》（即五角大楼关于美国核战略报告）侧重于白宫使用核武库计划。报告的字里行间，似乎给出了一些令人不安的回答。根据美国传统的防御理念，当被问及"什么会引发美国发动原子攻击"时，美国此前的回答始终是"当美国的关键利益遭到核攻击，即对美领土、人口、盟友或对其自身武装力量发动攻击时"。但根据该报告，五角大楼关于使用核武器的新观点认为，在应对大规模网络攻击时也可以考虑使用核武器，理由是这类网络攻击会使电网、电信网络及互联网陷入瘫痪。

隐私权利

最后提到隐私权，这显然关系到所有公民：此处的个体因素不是与一个人有关，而是与数以亿计的人有关，可能为我们带来巨大意外。除了公开的原则性声明以外，目前还不清楚对隐私问题最为敏感的欧美民众会如何在这个问题和大型企业之间做出应对。我们已经看到美国政府在收集和存储公民信息的规则上进行了修改，企业——尤其是社交媒体类企业——将如何应对，我们仍需拭目以待。众所周知，这些企业的优势恰恰在于对用户个人数据的收集和使用。

脸书－剑桥分析公司的案件使数百万名用户意识到情况的严重性，他们在那之前可能对个人隐私问题尚未树立意识。公众尤其是用户哪怕并不完全理解操作机制，还是意识到了这一丑闻所代表的重要意义。一方面，大部分人认识到，他们的个人隐私遭到了侵犯，并且声誉可能永远不会恢复，而造成这一切的原因仅仅是大型集团公司图一时方便。另一方面，脸书及其管理层所给出的借口和解释缺乏足够说服力，最重要的是，其关于未来如何对隐私进行有效保障的回答模糊不清。但无论扎克伯格是否给出有力保障，公众依然深感有些重要的方面遭到侵犯，其重要程度让美国最高法院证实"全美国人都应有权利保护其隐私"。在如今数字世界的迷宫中,这个定义及其含义正逐渐失去分量。从积极角度而言,我们可以看到,美国和欧洲已经对这些问题展开了热烈的讨论。

来自哥伦比亚大学的法学教授吴修铭(Tim Wu)给出了一个典型的美式观点。这名教授专门研究电子通信,曾撰写过关于竞争和媒体政策的相关文章,他对此的观点可以概括为以下几点:应采取信托责任概念,就像医生、律师和会计师那样,互联网行业从业者必须遵守职业秘密。以社交网络为例,如果谷歌和脸书不保护个人或公司数据,就有可能被追究侵犯用户隐私的法律责任。

与此理念相契合的一个实际结果是《通用数据保护条例》(GDPR)于2018年5月在欧盟生效,该条例旨在确保个人数据受保护。在意大利,数据处理的监督机构多年来一直是数据保护机构(GPDP),它承担了在意大利执行欧洲法规的责任。除了广义的隐私保护外,该机构还负责相关具体权益,包括用户完全控制信息权、被遗忘权、未成年人保护、数据可移植性和转移,以及数据泄露发生后的通知义务(即个人数据网络泄露)。GDPR规定,根据所犯侵权行为的严重程度将对违反条例者处以重罚。根据《2018年意大利信息安全协会报告》称,"GDPR在未来几年内的成败将取决于它在保护数据主体权利和自由的同时，有能力确保不对创新和数字转型造成过度和不可逾越的障碍"。

美国是否可以采用该条例中的部分（如果不是全部）原则？科罗拉多大学的埃里森·库尔（Alison Cool）教授在《纽约时报》上以高度批评的口吻写道："没有人能明白 GDPR。"根据库尔的说法，GDPR 立法过于繁复和模糊，这也是由于欧盟成员国各自历史经验不同，因此对个人数据的检索和使用采取了截然不同的方法。为了论证他的批评，库尔教授举了不同的例子进行对比：由于德国对于纳粹利用信息的方式仍历历在目，因此他们对侵占个人数据的政府或企业持怀疑态度，而对斯堪的纳维亚半岛的人来说，利用信息从而更好地组织和管理福利政策是稀松平常的。

相比之下，社会学家德里克·德克霍夫被问及对 GDPR 的看法时，表达了积极的评价："GDPR 很重要，因为它具有法律效力，并且构成了一个相关倡议，最终成为一个保护个人权利的全欧洲的计划。这传达了一个重要信号，表达了欧洲对该问题进行果断处理的态度。至于该条例究竟能否为公民提供切实保护，其作用有待验证，因为法规容易成为程序化的例行公事，就和机场安检一样。但无论如何，GDPR 都代表着将网络安全的责任移交给了政府。"我们认为，这具有重要意义。

第十章　物联网

Q

不可否认的事实是，过去十多年间，世界在变得愈加丰富的同时，技术也日益复杂。让我们举个例子，不是航天器，而是一辆简单的汽车。约十年前，保时捷推出了一款车型Panamera，它的系统计算机中大约有 200 万行代码，而如今新款车型的代码多达 1 亿行，控制着车辆运行的每一个细微方面。

　　可以肯定的是，仅仅是互联网的存在就带来了更快的创新速度，特别是在控制论领域，无论我们是否真正需要，信息交流正变得愈加快捷。无论我们欢迎与否，持续不断的技术创新正越来越多地融入我们的生活，有时我们甚至没有完全意识到。网络世界的演变及其对人类生活的影响并不局限于我们和桌上的电脑或整天伴随我们的智能手机之间的互动，事实上我们对这一现实的了解才刚刚起步。

汽车、洗衣机、电灯、电视和冰箱，这些生活中最常见的产品如今都能成为复杂网络空间的组成部分，很多产品也已经实现了这一功能。此外，即便是机械设计上高度复杂或精密的产品，如喷气式发动机，也将日益被纳入这个特殊的互联网络中。这种计算机、传感器与简单或复杂设备之间建立的连接构成了"物联网"（Internet of Things，缩写 IoT）。

我们可以将英文首字母缩写词 IoT 描述为具有任何开关类型的设备与互联网之间的连接，也可以描述为各个产品按照编程执行各自所设定的功能，并通过互联网在产品间形成联动的方式。任何一个家用电器或机械产品想要成为这个物联网世界的一部分，就必须提供一个互联网协议地址，或称为 IP 地址。专家将 IP 地址定义为具有唯一性，是每个连入网络的设备所分配到的代码，并且允许该设备识别并与其他配备的 IP 地址进行连接。不言而喻，IoT 的概念并非一夜之间出现，也并非在某个特定时间节点突然变为现实。一方面，控制端设备越来越多地被添加到各种机制中以提高设备性能；另一方面，随着互联网的发展，相隔遥远的地区之间也正在建立越来越便捷的联系。这两条看似无关的道路相遇，由此形成了如今的物联网。如果回溯控制论的演变，甚至可以说这是它的"神化"。

除了相互联结的个体产品，我们还进入了一个智能城市的时代：可以通过全新方式设计智能城市，旨在提高安全性和宜居性，这在互联网诞生前是无法想象的现实。城市内部将可以提供智能监控、建立起更合理的用水分配系统和交通运输自动化系统。医疗保健设施将提供更优质的服务，能源网络的分配效率也将得到提高。商业世界将以前所未有的方式实现自动化，从而实现收益最大化。这一系列变化无疑是积极的，是人类可预见的进化过程中的一部分，持续不断地通过将新发明应用于现实从而取得进步。我们没有能力、也不希望阻止这种演变；相反，我们应当开始学习理解（最好能与政府一起）这一新的现实将对我们的生活产生具体怎样的影响。

设备间的连接构成了物联网的基础。这些设备可以相互识别，并通过得到 IP 地址而变得独一无二。这种机器对机器（M2M）的连接通过云计算——对于个体上传至互联网的数据进行收集和处理——得以实现，并通过控制端设备或传感器来进行激活。正如上文所述，互联网的一大重要变化是从最初的收集信息转变为到如今用于操作和运营。这个转变过程正在影响大量的人类活动。

高德纳咨询公司（Gartner）预测，到 2020 年将有多达 260 亿台设备连接到互联网，而且这一数字在未来十年可能会成倍增长。但有专家表示高德纳咨询公司的预测数值偏低，并认为在短短几年内全球就会有 1000 亿台联网设备。事实上，没有人能够确定到 2030 年 1 月 1 日，设备数量将达到多少。但共识是，这将是一个巨大的数值。从财务评估的角度来看，这些预测相辅相成。包括思科和高德纳在内的专门研究网络和信息技术的咨询公司基本一致同意，未来十年内预计全球所有技术部门的营业额总值将达到数十亿美元。其中一部分涉及硬件部门，而欧洲将在该过程中发挥重要作用。这些数额仅发挥指示性作用，但可以肯定的是，自动化将日益影响生产发展，并在各大洲经济中发挥决定性作用。

我们的日常生活又将发生怎样的改变？让我们举一个简单的例子。我的闹钟在早晨六点响起，并自动向咖啡机发出指示开始冲泡一杯黑咖啡。稍等！我的妻子也想喝黑咖啡，但她六点一刻才起床。这都不用担心。我们都能以自己想要的方式并在恰当时间喝到咖啡，因为这些设备间会进行相互交谈，而且与人类不同之处在于，设备间绝大多数时候是相互协同，不会产生分歧。再来看一个更复杂的例子，观察物联网世界与智能城市是如何联系在一起实现应用的。对于罗马或伦敦这类城市，我们几乎带着不甘心的心理认为，在交通运输上进行重大改善完全不可能，但是信息技术的存在将给我们带来惊喜：在交通灯上附载的物联网传感器反过来又与控制端设备（从道路上的摄像机到卫星信号）相连，可以监测车辆流动情况，帮助提高道路交通的通畅度，车辆可以减少在十字路口的停留和等待。简单来说，物联网系统将帮助我们，让我们在日常汽车驾驶中的一些愿望成真，让我们的抱怨减少一些，生活质量高一些。然而问题是，这类变化不会以线性方式发生，因为变量是无限的，所以很多后果尚无法确定。自踏入数字时代以来，我们第一次实现了技术发展将数字和物理世界相融合，我们也回不到过去了。这就是物联网的重要意义，也是控制论的胜利！

电视机正监视着你

处于进程中的这场剧烈变革将对我们的生活产生巨大的社会和文化影响，并且将成为新营销战略发展的根本。而且正如我们将看到的，它也将深刻影响个体隐私和安全。

物联网在现实中需要关注的一个元素——有人说是一场革命——无疑是电视及其基本设备这一元素。几十年来，电视既是一种娱乐手段，用于播放电影、电视剧和体育赛事，又是广告宣传的理想载体。同时，由于电视新闻及其深度专栏，电视也一直是重要的，甚至是首要的新闻和信息来源。今天，当我们坐在电视机前时，我们观看的已经不仅仅是一部电影或一场橄榄球比赛了。

我们的关注点日益聚焦在脸书和谷歌（仅举两例）如何侵犯我们的隐私上，这诚然不无道理。但近年来，数据收集公司所采用的新技术甚至能监测用户在联网的电视机上观看的所有节目。营销定位公司通过采集和分析该信息来了解观众兴趣，观众不再只是普通大众，而是具体的"电子邮件地址"。信息分析获得的结果是将目标受众置于核心，从而向目标受众推送其可能感兴趣的产品。

互动电视的概念引人入胜。通过互动电视，我们可以快速做出选择，好奇心能在瞬间得到满足，并且我们可以在电视机前的扶手椅上更为享受这一轻松时光。互动电视也不止于此。世界各国有许多不同类型的互动电视技术处于应用中，其中一些已经与互联网连接。桑巴电视台（Samba TV）已经与包括索尼、夏普和飞利浦在内的主要电视制造商签署协议，在这些品牌生产的电视机中安装其软件。消费者购买带有桑巴电视技术的电视机后，就能够订阅桑巴互动，并在这个平台上以更优惠的价格订阅电视节目。从专业媒体的研究来看，大部分桑巴互动的用户似乎不清楚哪些个人信息为桑巴电视所有。现实情况是，桑巴电视能够监控客户选择的几乎每一秒钟的节目，包括他们对政治谈话节目的偏好、最喜欢的影片或热衷的体育项目类型。该公司发布正式声明，称其遵守美国联邦通信委员会（FCC）的指导方针，不直接出售用户数据。但事实与此相反，智游网（Expedia）和捷蓝航空（JetBlue）向桑巴电视台购买了向后者联网用户发送广告的权限。可以确定的是，电视制造商和信息收集平台之间存在着非常密切的关系，因为如果在机器生产中没有包含互动电视技术，电视平台的市场份额将大大缩水。和桑巴电视所实施的策略相似或在类似市场中经营的公司在世界各地都非常活跃。

海信是一家总部在中国并开设美国业务的大型跨国公司，它也选择了这一路径，目的是在规模庞大的美国市场上分一杯羹。海信和桑巴电视这两家公司都坚信他们正朝着正确的业务发展方向前进，有研究表明，多达 45% 的美国人拥有至少一台可以连到互联网的电视机。然而，这些公司的此类政策和做法正逐渐引起监管机构的关注，因为他们意识到，公司可以通过这种方式获得海量的用户个人信息。用户很难确切地知晓，哪些个人数据被采集并被用于什么目的。桑巴电视关于个人隐私的政策长达 4000 多字，平台的使用条款有 6500 多字。如此长篇幅的内容，很少有用户 / 消费者会全篇仔细读完。

每一条信息都具有价值

在美国，联邦贸易委员会监督此类事务，但似乎无意对桑巴电视采取措施，也并未对其战略和商业模式所产生的影响提出质疑。如果说，桑巴电视和海信在美国和欧洲都算不上特别著名的品牌，那么由世界最富有的人之一杰夫·贝索斯领导的亚马逊不仅家喻户晓，而且堪称这个时代的标志。亚马逊为其客户提供了一个名为 Dash 按钮（Dash Buttons）的虚拟助手，与谷歌和其他品牌的同类产品颇为相近。只要用户连接到互联网，Dash 按钮就能发挥作用。根据亚马逊的描述，该设备通过连接无线网络（Wi-Fi）可存储用户最喜欢的产品，因此，只要用户每次连接到亚马逊应用程序时，这些产品就会立即出现在屏幕上。

受益方是谁？首先肯定是消费者，他们能在短时间内轻松省力地完成购买，但亚马逊也能获益。通过Dash按钮功能，亚马逊可实时获得对该产品有需求的消费者所在地信息。在数字世界中，看似不起眼的数据也具有营销价值，有助于将个体消费者的个人数据与成千上万甚至百万人的数据进行比较分析。

让我们再举一个例子。假设我们两名作者约好了在罗马一家餐厅见面，我们决定从最优质的餐厅中选取一家。我们便向亚马逊助手进行询问，后者就用餐地点给出几项建议，并询问是否可通过 OpenTable 应用程序进行预订。这一操作方式在全世界数千座城市已经重复了数千次，似乎并无特殊之处。但其实，我们所收到的餐厅推荐并非中立客观的。大多数用户并不了解甚至没有考虑到的是，出现在 OpenTable 上的餐厅必须向平台付费才能被该应用程序自动选中并推荐，而在用户前往用餐后，该平台会额外收取少量佣金。

我们作为用户被灌输的理念是，亚马逊助手旨在帮助简化我们的生活，通过在 OpenTable 上预订晚餐，来回应我们简单的小请求，而预订所产生的所有信息也将被平台收集。一旦我们光顾同一家餐厅两次以上，平台基于数据就能针对用户口味和常去餐厅得出更多分析信息。归根结底，最大的受益方并非消费者，而是 OpenTable。

当然，这只是一个虚构的例子，因为我们多年来在罗马的会面一直选在特拉斯提弗列（Trastevere）地区的 Capo de Fero 餐厅，根本不需要虚拟助理或 OpenTable 程序。并且在此处提及这家餐厅名，我们也绝没有从餐厅获得任何提成。

生物识别技术

物联网也影响了我们的健康和保持身体健康的方式。近年来已开发出例如数字计步器这类可穿戴生物识别传感器。这些设备提供的信息相对简单，包括告知用户步行多少步，或消耗了多少卡路里。更复杂的设备能够监测心率、呼吸和其他生理参数，为我们自身或医疗保健专业人士提供了一系列有用信息，让我们掌握自己的健身和健康状况，从而帮助我们继续保持良好习惯或者改变不良习惯。从长远来看，医疗费用也将有所降低。如今市面上的现有设备，例如 Fitbit 和苹果手表，是这类市场的先锋产品。而在未来几年内将有更多更先进的产品出现，例如，有服装系列正在开发集成传感器用于检测和提供用户身体健康信息。

在未来，我们将对自己的睡眠质量以及对饮食习惯和身体的适应性有进一步的了解，这里蕴含着无穷的可能。面对如何保持个人健康这类问题，如今的技术能为我们提供前所未有的支持。科技有助于提升我们对个人健康状况的认识，这无疑是一个积极因素，但进一步的问题在于：科技对于用户个人健康信息的控制和分享在眼下仍然是一个自由的选择，但是否有一天将具有强制性？年轻一代目前倾向于使用来自谷歌或苹果的控制工具，并且认为这一做法稀松平常，甚至颇为有趣。但对于来自美国中西部堪萨斯州威奇托的工人，或对于来自意大利普利亚大区格拉维纳的工人来说，这些工具是否还具有同等的吸引力？是否有一天，政府机构会以社会利益为名，硬性要求控制和分享这些工人的健康数据？

美国约翰·汉考克（John Hancock）人寿保险公司和英国Vitality 保险公司是首批向能够证明其使用健康监测设备的客户提供保费折扣的公司之一。这一做法不无道理，其他国家的保险公司可能很快会效仿，最终可能导致那些没有用设备进行健康监测的客户被迫支付更高的保健费。2017 年《激进技术》一书的作者亚当·格林菲尔德（Adam Greenfield）无疑是对席卷社会的技术革命表达出最为悲观和批判性的美国分析家之一。他认为，这一趋势极有可能成为现实。对此类技术革新，我们应当感到振奋还是警惕？或许答案应是喜忧参半。面对技术所带来的便利，诚然值得我们高兴。但与此同时，也应当就未来何去何从打上一个问号。

多大程度的控制

我们的日常生活将因物联网的日益普及而得到改善，在医疗保健和交通通畅方面的提升只是成百上千个例子中的两个。一些分析家也因此提出疑问：我们是否应当向不可避免的科技发展投降，向"技术的祭坛下跪"？从我们的角度来看，这个问题不够准确，因此站不住脚。答案的一部分或许来自我们个人选择如何与这些技术项目共处，但另一部分答案在于，我们只需观察今朝而不必多想未来。退一步来看，物联网已经在塑造智能城市或无人车驾驶方面发挥作用，而这些城市原本的交通状况甚至比罗马和伦敦更差。物联网在城市环境中发挥的作用日益显著，使我们意识到一个本质问题：人类行为一方面可以推动效率的提高，但另一方面也正被大量监控甚至控制，这是前所未有的。

虽然对侵犯公民隐私的批评声不断，世界许多城市仍在继续收集大量的公民个人数据。例如在伦敦，城市内装有50万个摄像头24小时全天候运行，这些摄像头与监控站相连。并且，现在已经有了方便行人行动的助步设备，它们越来越多地与其他具有互补功能的传感器相连。除闭路电视摄像机外，许多设备都被故意隐藏起来，不为人知。这一趋势的发展很难减缓，更别说被阻止了。维护城市环境的一种常见而有效的方式就是进行空气质量监测，但监测设备的信息传感器可能被改造成用于探测生化武器的工具。在城市恐怖威胁甚嚣尘上的今天，此类转化的可能性将成为重要资源。以布鲁塞尔和巴黎这两个遭受过恐怖袭击的城市为例，市政府将不惜一切支持开发此类辅助技术，帮助他们获取更多信息，从而防止悲剧在未来再次发生。

同样，传感器还可以监测垃圾的收集和回收行为，并且在监测到错误参数和潜在问题后发出报警信号。这类创新技术的应用将帮助全球的大型城市中心节省巨额开支。这类设备的共同点在于，它们能收集数据并将数据与其他传感器共享，而且这种互动正不断成为一大趋势。执法部门是最早受益于物联网技术中日臻成熟的监控设备的机构之一：除了可以收集海量数据进行分析以外，还可以将微型摄像机嵌入警察制服，在实时监测警察行动环境的同时，还能提供警察不正当行为的可能证据。掌握这些技术无疑需要不断持续的培训。

物联网的不断创新正在改变我们的日常生活。但物联网也与特定部门的其他技术发展息息相关，尤其当它与计算机日益增强的数据处理能力相结合时，将成为未来不可或缺的新型武器。在北约的先进军事硬件中可以窥见最早的例子。

F-35战斗机由美国巨头公司洛克希德·马丁公司开发，是世界上实力最强劲也最为昂贵的战斗机。F-35拥有极其强大的传感器，可以随时提供并选择飞行员所需的所有信息，机身的每个部分都装有传感器用以监测整个飞行环境，甚至能囊括飞行员视线之外的空间。F-35 是目前人类所拥有的最先进的飞机之一，所有新机型都采用了物联网技术。这项技术的发展使我们不禁要问：在不久的将来，无人机是否将成为现实，而不再需要飞行员登机？甚至达美航空或汉莎航空这样的私营公司也可能很快考虑改用飞行系统，机上一名飞行员与地面控制站的另一名飞行员保持通信连接。正如一些专家所预测，在不太遥远的将来，一组飞行员可以在一个中央控制站内对一组机群的飞行进行监测。

万物相连的脆弱性

到目前为止，我们讨论的物联网创新都是积极的一面。现在让我们再来看看"硬币"的另一面，它将我们引向本书的核心主题之一：互联网的安全，也是物联网的安全。在这个万物互联的世界里，互联系统的脆弱性会提高，一旦被利用就会造成重大破坏性后果。物联网下出现的大部分新问题，都不同于前文讨论的勒索软件攻击或数据盗窃。内部人士和专业媒体一致认为，公司的物联网设备构成了一个潜在漏洞，是一个没有进行充分保护的"后门"。在物联网中，黑客可以从一个设备的漏洞乘虚而入并且转移到另一个设备，完全不必顾忌个人电脑、服务器等传统网络设备。目前，公司修复这些物联网漏洞的速度公认很慢，且成功率无法保证。通过使用 Shodan 这类物联网专用搜索引擎，用户就能访问某些类型的设备，如连接到互联网的网络摄像头、服务器和路由器。黑客还可以对安全摄像头进行控制，例如监视公司场所主要入口。由此，黑客能观察到公司场所安保设施的漏洞，甚至可以移动摄像头来监视正门的警卫正在观看或输入的内容。这不是科幻小说的内容，而是既成的现实。并且，正如其他违法行为一样，此类黑客行动可能迟迟不会被发现。

各种网站，例如"关于物联网的一切"（IoT For All），已经介绍了针对物联网设备成功入侵的黑客案例。2016 年，黑客利用专为物联网研发的名为"Mirai"的恶意软件展开了一场全球范围的阻断服务攻击（DDoS）。包括推特、奈飞等全球领先的网络平台都遭到数据切断。Mirai 的运作方式是首先感染少数计算机，之后这些被感染的计算机不断在互联网上搜索其他存在漏洞的物联网设备，并通过预定义的用户名和密码进行登录。

2017 年，著名的圣裘德医疗公司（St. Jude Medical）心脏科的计算机控制设备遭黑客攻击。美国食品药品管理局证实，植入的心脏起搏器容易受到黑客攻击。这个后果会非常严重，因为电池可能因攻击而产生的错误激活而释电，并且使用者会有所感知。因此，公司向所有起搏器佩戴者告知了这一潜在风险，并重新设置了他们的设备。

2017 年，名为"Cayla"的玩具娃娃身上有一个蓝牙连接点被发现易遭黑客攻击。经来自英、德的专家测试，这一蓝牙漏洞将使黑客得以控制娃娃，并在未经用户同意的情况下录制音频。德国联邦国家机构因此禁止了 Cayla 玩具娃娃的销售。此外，在一些欧洲国家销售的儿童手表中也发现了类似系统漏洞。

2015 年 7 月，一个研究小组发现可以通过利用电话网络斯普林特（Sprint）的网络漏洞来控制驾驶一辆吉普车 SUV 进行加速、减速，甚至转弯等操作。2016 年，中国某实验室研究人员成功入侵特斯拉 S 型号的车辆（Tesla Model S），控制了仪表盘和刹车系统。

我们正在迅速走向无人驾驶的时代，如今已经进入测试阶段。在这期间发生了几起事故，虽然与黑客攻击无关，但汽车制造商必须无比谨慎，确保其产品尽可能防止黑客攻击，否则将会造成灾难性后果。

现实生活中，此类恐怖事故还有很多，噩梦一般令人担忧。比如，对摩天大楼的电梯或工厂起重机的机械臂进行人为干预和控制，或许是为了对周遭人事进行无目标攻击。为了使这些噩梦不演变为可怕的现实情境，适当做好准备非常有必要。

计算机安全专家丹尼尔·埃利萨尔德（Daniel Elizalde）确定了可能使物联网设备被黑客攻击的五要素：硬件、软件、通信、云平台和云应用。对于每种情况，埃利萨尔德都提出了相应的建议，包括避免外部人员篡改硬件，设置识别系统、安装防火墙和软件补丁，使用可靠网络进行加密通信，以及对云平台和云应用程序使用安全托管和多级认证。

物联网安全可以定义为以保护或保障连接设备和网络安全为目的所采取的措施。市场上许多物联网设备在制造过程中留给传感器的安装空间很小，并且尽量节省制作材料，这类因素无助于保障设备的安全，并且可能造成严重后果。任何未受保护的网络设备不仅会暴露自己的漏洞，还会暴露与之相连的任何其他设备的漏洞。在互联互通的物联网世界，设备之间远的隔离并不能帮助其免受攻击，而制造商提供的补丁也无法迅速修补安全漏洞。

在日常生活中，黑客攻击物联网设备会造成怎样的影响？实际情况尚不明朗。我们已经对一些汽车进行了测试，例如吉普车和特斯拉。这些测试暴露了联网汽车的许多可能造成灾难性后果的漏洞。维基解密报告称，美国中央情报局泄露的一组文件提到中情局对研究黑客入侵汽车表现出了兴趣据维基解密而言，美国中情局这一做法是为了了解哪些工具可以造成无法预料的事故。美国中情局对此不予置评，只表示美国法律禁止暗杀。

显然，汽车制造商最初会向公众故意隐瞒汽车电子系统的潜在漏洞，但这种态度正在改变，并且已经开始采取纠正措施。原因很简单：没有一家汽车制造商愿意成为第一个产品遭黑客攻击的案例。菲亚特·克莱斯勒（Fiat Chrysler）和特斯拉及时避免了这种情况的发生，但仍然为此付出了巨大代价。汽车制造商对系统漏洞予以的重视令我们感到鼓舞，说明我们在面对各种安全威胁时并非完全无能为力。未来几年内，全球市场可能会为提高车载电子系统的效率和加大保护力度而展开竞赛。

物联网将对无数产品产生影响。我们固然不太担心黑客会攻击我们的咖啡机，如果真的发生了，反而会让我们感到惊讶。但问题在于，那些可进行功能设置的咖啡机能与许多其他设备进行关联，包括智能手机，甚至安全摄像头。同样，传真机虽然在一些地区已经不再使用，但在很多国家仍被广泛使用，它已被确定为连接的计算机系统中最容易被黑客控制的接入设备之一。黑客活动向我们揭示，要想厘清在居民家中或企业的安全摄像头的本地网络线路图，和攻击一辆汽车一样，是件轻而易举之事。例如在一个真实事件中，一名黑客身在马来西亚就能对位于米兰或苏黎世的家庭进行摄像头监控。威胁真实存在，而随着物联网设备数量的激增，黑客展开攻击的机会也在不断增加。

捍卫消费者权益

在欧洲，人们尽管意识到了安全问题，但欧洲议会似乎并没有对物联网产品的预防措施予以重视，而是更关注交通和能源等战略设施的网络安全保护。欧洲消费者团体对议会的这种冷漠态度颇为不满，表示由于政客没有认识到消费品所受威胁的严重程度，欧盟正在因此错失一个维护公民利益的重要机遇。

据欧洲消费者联盟（BEUC）总干事莫尼克·戈恩斯（Monique Goyens）称，越来越多没有足够安全保障的网联产品正在遍及全欧洲，并为未来可能发生的重大网络安全危机铺平了道路。各个消费者组织认为，如果没有适当法规，私营部门的技术制造商主动采取有效安全政策的可能性很小。

但情况未必如此。在美国、欧洲以及中国，有众多公司对物联网安全产品进行了改善。据一些专家称，该市场总额在未来五年内或将达到 60 亿美元。这一商业模式具有巨大潜力，因为企业开始意识到对消费者肩负责任。这种意识的形成，哪怕有黑客想攻击我们的咖啡机或体重计并在网上公开我们的体重，消费者也不会再惊慌失措了。

玩笑归玩笑，要问消费者是否担心，答案是肯定的。据透露，在 2018 年初，一个僵尸网络恶意软件影响了大约 50 万台路由器和存储设备，几乎所有这些设备都为私人拥有。有几十个国家的路由器被入侵，包括几个欧洲国家。这款名为 VPNfilter 的恶意软件被查到源自俄罗斯黑客，因为它与在乌克兰进行大规模攻击的恶意软件 BlackEnergy 非常相似。VPNfilter 以极其复杂的手段对连接各种设备的家用路由器发动攻击，并设法在网络中创建后门以窃取访问凭证。

如果欧洲各国政府和美国政府（受制于国会，可能目前不愿通过该领域的立法）没有能力或意愿保护消费者免受物联网漏洞的危害，而宁愿选择重视战略基础设施的内在风险，那么还有其他可行的替代方案，具体包括：消费者保护团体应推动政府对所有物联网产品进行强制性的安全评估和认证；建立有效的立法监管进程或许艰难而缓慢，但它仍然是公共利益的一个症结，应鼓励制造商将安全问题作为所有新型物联网产品设计阶段的基本组成部分；最后，拥有共同利益和产品的公司应像汽车行业那样，对最佳实践、已做测试和积累的经验进行学习分享。当然，最后这一个做法与市场的竞争现实相冲突，但如果人们能理解其中的重要性，这些新的合作形式就有可能实现。此外还有一种可能的方案，即对于那些因短视和自私而不参与任何形式合作的公司所生产的产品，消费者予以一致抵制。

中国的物联网

世界各国都在对物联网开展不同类型的应用，其中，中国或许是对物联网的运用数量最多、最具有持续性和想象力的国家。例如，郑州的警察部队有效通过物联网技术，利用专门的眼镜设备在上百张嫌疑犯的脸之间识别出通缉犯的面部，以及在所有公共活动中大规模使用监控摄像头。此外，中国政府还将物联网用于改善行人不遵守交通信号灯以及乱穿马路的现象。

从纯社会学的角度来看，监控设备的数量不断增加、应用范围更加广泛，对中国社会产生了切实的影响，这一趋势将在未来延续。截至 2020 年，中国约有 2 亿台监控摄像头，几年后，这一数字可能上升到 3 亿。中国政府正在利用新技术开发一个对公民进行监测和评估的系统（主要针对社交网络的使用和公民行为），称为社会信用体系。该体系自 2017 年起对部分人口生效，并将在未来逐步扩大影响范围。在该体系中，公民对互联网和通信的使用情况、逾期付款和罚款记录都将受到监测和评估。

西方的物联网

如果物联网的使用途径运用到西方国家，虽然并不绝对，但很有可能会激发广泛的公众负面情绪。事实证明，一旦公民面对真实存在和感知到的危险时，他们或许也能容忍权力之眼对个人生活的监视。以色列虽然也是一个民主国家，但不断处于紧张状态。在这里，物联网有其特殊用途。以色列官员使用物联网和大数据算法来监测脸书和其他社交媒体上发布的帖子，旨在识别出那些持有枪支的"独行侠"，他们在过去几年不断加强在以色列的火力袭击。以色列安全部队和情报部门利用计算机算法来预测一个个体实施攻击的概率，从而试图在恐怖行为实施之前进行干涉预防。以色列人称，该方案正在发挥作用，此类攻击已下降达80%。根据以色列官方统计，2015年10月发生了69次袭击，但在2018年6月只发生了3次。这些统计结果对以色列公民而言具有重要意义，帮助他们意识到所处环境的不稳定性和敌对状态。尽管如此，人们也意识到，如此大规模的安全监视行为将会让国家付出相应的政治和社会代价。以色列警察的关注重点是巴勒斯坦青年群体，他们大多为男性，受教育程度有限，工作机会很少。巴勒斯坦社区对这种有针对性的监测无疑会表示反对，认为这种行为必然无法积极推动两个国家人民之间的融合。

以上两个案例虽然各有不同，但均可见新技术具有的侵入性更强，未来政府对世界各地公民个体生活的干预可能不会随着新技术的使用而减少。

窥见未来

一个从研究、实现到实际功能的应用这几个方面与物联网同步发展的领域是量子计算。量子力学的能力听起来像科幻小说里的内容，但它是将对我们的生活产生影响的另一项技术突破。本节中，我们不会深入具体地研究量子计算及其惊人的计算能力，但会提供一些基本信息。

如今，计算机帮助政府、企业和个人进行了大量重要工作，包括使互联网运行以及娱乐活动在内的各类任务。

现在的超级计算机被专家称为经典计算机，与十年前的机器相比，它拥有超凡的运转速度。但它的发展存在固有限制，经典计算机虽然运转速度飞快，但一次只能处理一个问题。量子计算的处理方式则截然不同，其优势在于能够比经典计算机更快速地解决大数量级问题，并提供各种解决方案，使其产生无限种可能的实际应用。当我们自己驾驶汽车时，我们往往会忽略计算机和互联网提出的最快路线建议，但无人驾驶汽车反而会毫不犹豫地遵循量子计算机提供的指示。这在未来几年内即将发生，而不是几百年。

在即将结束这一节之际，我们希望对物联网进行一种思考。物联网诚然是一个美好的现实，但它只是网络世界的一个组成部分，它在未来也会与互联网空间内的其他元素相互融合，新技术的发展也将继续推动物联网持续发展演变。

在本书的最后，我们希望提出两点反思。第一点是关于人的因素所发挥的重要作用。就此问题，我们再次请教了德克霍夫教授，问他目前的技术是否已经无可争议地主宰着互联网空间。他如此作答："我还不能完全确定，这种将所有服务机器人化的活动将把我们带到哪里。真正的危险在于（并且此危险在'民粹主义'抬头的过程中将得到凸显），机器人化的不仅仅是机器，还有人。在我们走向人机混合化的过程中，我们在大多数情况下能将人的因素与技术因素区分开，这确实是一个棘手问题。我引入'数据化'这个话题，正是为了研究我们现在必须面对的政治和社会风险。'数据化'在新加坡和中国都已经处于进程中。尤其在中国，数据的安全证明了使用面部识别的合理性；并且，还开始建立'社会信用'体系，通过半自动化系统对普通公民进行永久性评估。通过大数据对人们的行为和行动（在不久的未来，甚至是人们的想法）进行不断分析，由此判断他们是否能获得社会福利，或者更简单地说，避免罚款或其他类型的损害。这是'社会工程'的一个典范，通过这种方式将在一代人的时间内改变15亿人口的态度和习惯。"

德里克·德克霍夫提出了"社会工程"这个概念。虽然此概念没有在本书中做出明确解释，但其身影出现在多个章节。然而，这位加拿大社会学家提出的例子不是关于一个试图获取秘密信息的黑客，而是一个国家针对其公民所开展的行动。

第二点思考是，西方统治者对针对公共系统、公司或普通公民的网络攻击问题的态度，无论是哪种类型。几十年来，美国和欧洲都以核威慑或其他战争威慑的概念和对立面进行对抗。这在很大程度上是一个正确的、无以反驳的选择。根据许多战略家的说法，美国和苏联强大的核能力导致在欧洲大陆上冷战从未上升为热战。

在网络时代，威慑模式失去了效力，变得不再可信。一些国家出于政治、经济目的而下令秘密机构开展大量的黑客行动，就足以证明这一点。网络武器也被视为战争工具，但除了极其罕见的情况以外，从未被政府正式承认。网络武器的使用主要针对经济和政治目标。

因此，问题不在于如何面对战争，而在于如何结束持续的游击行动。军事历史专家们认为办法只有一个，那就是反击。这正是美国在战战兢兢中开始实施的计划，包括前文提及的驱逐俄罗斯外交官和公开谴责为克里姆林宫服务的黑客。美国仍然缺乏一个具有进攻力的网络攻击应对策略。在美国政府圈内，一直对实施关键基础设施的大规模攻击抱有恐惧，惧怕"网络珍珠港事件"的发生。美国政府的官方国家安全战略显示，政府对网络空间内敌对行动所蕴含的危险已经有了更深入的认识，这并非巧合。美国不排除使用信息技术发起进攻的可能性，但仍然强调美国必须做好准备，应对并尽可能防止那些损害美国政治、经济和安全利益的攻击。

如果威慑在网络世界中起不了作用，那么唯一能做的就是加强安全措施，尽可能使任何形式的网络攻击尝试无果。这是美国政府面临的现实，也是我们面临的现实。我们必须做好准备，保卫我们的"咖啡机"免受来自网络空间的神秘而无尽的危险。